Schwester Maria Anja Henkel
Pfr. Winfried Pietrek

Die Unbesiegbare
Abenteuer Kirchengeschichte

Herausgeber:
Christliche Mitte

Erste Auflage
März 2018

Alle Rechte bei:
CHRISTLICHE MITTE
Lippstädter Str. 42
D-59329 Wadersloh
Tel: 02523 – 8388
Fax: 02523 – 6138

Fleiter-Druck
Dieselstr. 23
D-59329 Wadersloh
Tel: 02523 – 92270

Titelseite: JESUS überreicht Petrus die Himmelsschlüssel.
Fresko, Pietro Perugino, 1482, Sixtinische Kapelle

Rückseite: Schlacht zwischen Konstantin und Maxentius
an der Milvischen Brücke.
Gemälde, Pieter Lastmann, 1613, Kunsthalle Bremen

ISBN: 9783-9819682-0-0

Inhalt

Hinführung zur Mitte des Lebens	7
Gründung und Sendung	10
Beginn der Weltmission	14
Entstehung der Bibel	17
Wer schrieb das Leben JESU auf?	19
Treue bis in den Tod	20
Blutzeugen des GOTTES-Reiches	22
Das Eingreifen CHRISTI	25
Eine neue Gesellschafts-Ordnung	27
Konzilien: Das Wehen des HEILIGEN GEISTES	28
Die Stunde der Kirchenväter	32
Der größte Afrikaner Europas	34
Krönung am Weihnachtsfest	37
Faszination CHRISTUS	40
Vom Jäger zum Menschenfischer	43
Kathedralen zur Ehre GOTTES	44
Kampf der Kulturen	44
Liebling der Iren: Der hl. Patrick	50
Wie Deutschland christlich wird	53
Das stille Gebet im Habit	57
Mönche, die zu Rittern werden	61
Das Wormser Konkordat	63
Die zwei großen Kinder-Kreuzzüge	66
Kölns Aufstieg zur Welt-Stadt	68
CHRISTUS oder Allah?	70
Missionare in aller Welt	72
Die schwebende Nonne	75
Sieg über den Islam	79
Herausforderung: Humanismus	83
Der große Diebstahl	88
Antwort auf die Reformation	89
Der Bilderstreit	93

Bahnbrecher der Nächstenliebe	94
Kirche als Anwalt des Rechts	96
Irrwege der Freimaurerei	98
„Bleibet in Meiner Liebe" (Joh 15, 9)	100
Gefahr: Rationalismus	103
Der beliebteste Beichtvater der Welt	108
Die Barmherzigkeit GOTTES	110
Bestseller des 19. Jahrhunderts	112
Vernunft oder Glaube?	116
Darwin, Hegel, Marx und Pius IX.	118
Festhalten an der Wahrheit	121
Religion - „Opium für das Volk"?	123
Friedens-Papst mit Gegenwind	125
Glaube und Globalisierung	127
Die Aufwertung der Frau im Christentum	129
Patronin Europas: Edith Stein	132
Rechtschaffenheit vor GOTT	134
Die Unzerstörbarkeit der Kirche	137
Ein Bischof geht voran	138
Gefährliche Ideologien	142
Der Sieg des Galileo Galilei	144
Sprung ins 21. Jahrhundert	147
100 Jahre Kriegs-Ende	150
200 Jahre „Stille Nacht"	153
Mission oder Djihad?	155
Der Kampf mit den Medien	158
Mündige Staatsbürger	161
GOTT ist die erste Wahl	164
Der schweigende Papst	167
Klassische Liturgie im 21. Jahrhundert	169
Pilger-Orte: Die GOTTES-Mutter spricht	171
Ausblick: Dem Jüngsten Gericht entgegen	178

Hinführung zur Mitte des Lebens

Jedes Jahr an Pfingsten feiert die Kirche Geburtstag. Da bricht GOTTES Geist in feurigen Zungen über die ersten 120 Christen in Jerusalem herein. JESUS hat vor Seinem Tod die Weichen für die Fortführung Seines Werkes gestellt, doch bis Pfingsten fehlt den Jüngern die innere Kraft, das Feuer, die Liebesbotschaft JESU und Seine Auferstehung von den Toten zu verkünden. Nun, 50 Tage nach Ostern, die Kraft vom Himmel. Diese kleinen Leute, Fischer, Handwerker – Apostel, Gesandte genannt – können plötzlich alle Menschfurcht fallenlassen und öffentlich bezeugen: „Wir haben den auferstandenen JESUS gesehen! Er lebt!"

3.000 Menschen gewinnen sie am ersten Pfingsttag durch ihre feurige Predigt. 300.000 werden es im Jahr 100 n. CHR. sein. Sie alle glauben, daß sie trotz ihrer Schwächen und Schuld durch JESUS für das ewige Leben mit GOTT gerettet sind, weil sie den Weg mit Ihm gehen. Später bezeichnen die Römer diese JESUS-Nachfolger als „Christianer", Christen, Anhänger von JESUS CHRISTUS, weil dieser die entscheidende Mitte ihres Lebens ist.

Die Geschichte der Christenheit ist zugleich die Geschichte der Sünder. Schon im Alten Testament, in den 1.800 Jahren vor JESUS, nimmt GOTT schwache Menschen in Seinen Dienst. Mose und David zum Beispiel sind Mörder. Doch weil sie zu Reue und

Umkehr bereit sind, dürfen sie GOTT als Führungs-Persönlichkeiten dienen. „Die Kraft GOTTES kommt in der menschlichen Schwachheit zur Vollendung", schreibt Paulus an die Gemeinde im griechischen Korinth (2 Kor 12,9).

JESUS verspricht der Kirche – Seinem geheimnisvollen Leib (Eph 1, 23) – Seinen Schutz: „Die Pforten der Unterwelt werden sie nicht überwinden!" (Mt 16, 18). Eine brandaktuelle, Mut machende Botschaft an alle Christen, die heute unter den Wirrnissen des 21. Jahrhunderts leiden. Als Napoleon einmal erklärte: „Wir werden die Kirche vernichten!", antwortete der Papst humorvoll: „Das ist ja selbst uns mit all unseren Fehlern und Schwächen nicht gelungen!"

Wie diese Kirche 2.000 Jahre alt wird und noch heute existiert, zeigt dieses Büchlein in exemplarischen Zügen anhand von Fakten, entscheidenden Entwicklungslinien und großen Gestalten. Wir wünschen Ihnen, lieber Leser, daß Sie sich neu am Glauben und der Kirche begeistern, an dem Haus voller Glorie. JESUS selbst hat es gegründet und belebt es, so daß es inmitten aller Stürme nie untergehen kann. Die Kirche ist die „Braut CHRISTI", die IHM – in guten und schlechten Zeiten – singend und betend entgegengeht. Sie ist es, die dem Bräutigam zuruft: „Komm!" (Off 22, 17). CHRISTUS antwortet: „Ja, ICH komme bald!" (Off 22, 20).

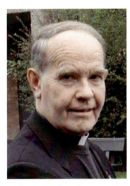
Pfr. Winfried Pietrek

Sr. Maria Anja Henkel

Gewidmet allen,

welche die Tradition der Kirche und

die klassische Liturgie lieben

Gründung und Sendung

JESUS CHRISTUS ist der König des Gottesreiches, das so ganz anders ist als weltliche Reiche. Wer dient, liebt, den Sonntag heiligt und den Namen GOTTES ehrt, ist der Größte in dem Reich, das JESUS gründet. In der Bergpredigt faßt ER das Gesetz Seines neuen Reiches der Liebe zusammen: Selig sind die Armen, die Trauernden, die um Seines Namens willen Verfolgten, denn ihnen gehört das Himmelreich. Selig ist, wer Frieden stiftet, seinen Mitmenschen und sogar seine Feinde liebt. Während der drei Jahre seines öffentlichen Predigens – JESUS war damals etwa 30 Jahre alt – betont er, daß Er der lang verheißene Messias ist, der gekommen ist, um die Menschen zu retten: „Ich bin der Weg, die Wahrheit und das Leben – keiner kommt zum VATER als durch Mich" (Joh 14, 6), und: „Wer Mein Fleisch ißt und Mein Blut trinkt, wird in Ewigkeit leben" (Joh 13, 1-17).

JESUS fasziniert damals wie heute die Menschen, da Er zugleich Gott und Mensch ist, Wunder wirkt, Kranke gesundmacht, Sünden vergibt. Er macht allen Mut und lebt vor, wie Gottes- und Nächstenliebe zum inneren Frieden führen. Wer glaubt und seine Hoffnung auf das Himmelreich und den GOTT-Menschen setzt, hat den inneren Frieden: Schon jetzt und auf ewig nach dem Tod. Wenn der Mensch betet, reißt die Verbindung zum guten VATER nie ab. Die Menschen damals wollten

JESUS zum König machen, doch Er zieht sich in die Einsamkeit zurück, da es IHM nicht um weltliche Ehrentitel geht, sondern um ein demütiges, glaubendes, liebendes Herz, das auch in Krisenzeiten Gott die Treue hält.

Wollte JESUS eine Organisation gründen? Mehr als das, Er will die Herzen der Menschen erreichen und zur Liebe ermutigen. Sein Königreich soll auf Erden beginnen und später, im Neuen Jerusalem, auf ewig bestehen. Solange aber diese Erde existiert, bedarf es fester Strukturen und Bezugspersonen, die die Lehre und den Geist JESU wahren. Hieran denkt JESUS, als Er dem Simon Petrus die Schlüssel des Himmels überreicht und als dem ersten Papst die Wahrung Seiner Lehre anvertraut: „Auf dich will ich Meine Kirche bauen! Ich werde dir die Schlüssel des Himmels anvertrauen. Was du auf Erden bindest soll auch im Himmel gebunden sein. Und was du auf Erden lösest, soll auch im Himmel gelöst sein." (Mt 13, 16-19). Nach Seiner Auferstehung bekräftigt CHRISTUS dem Petrus: „Weide Meine Lämmer, weide Meine Schafe!" (Joh 21, 15-17). Das Kriterium: „Petrus, liebst du mich mehr als die anderen?" Petrus bejaht. Dann die Aussendung der zwölf Apostel zum Taufen, Segnen, Lehren, Kranke heilen und Dämonen austreiben (Mt 10, 8). JESUS will, daß Sein Werk fortbesteht. Er will alle Menschen zu allen Zeiten in allen Kulturen zum Glauben an den dreieinen Gott bringen: „Wer glaubt und sich taufen läßt, ist gerettet!" (Mk 16, 15-16).

Das Testament JESU: Die heilige Wandlung von Brot und Wein in den Leib und das Blut JESU CHRISTI am Abend vor Seiner Hinrichtung als „Aufschneider, Gotteslästerer und Unruhestifter" (Mt 26, 65). „Tut dies zu Meinem Gedächtnis" (Lk 22, 19-20), bittet JESUS, damit Er immer eng mit Seinen Freunden vereint bleibt. In jedem Meßopfer bis auf den heutigen Tag findet diese Wandlung statt, und der Christ empfängt in der hl. Kommunion den Leib und das Blut CHRISTI.

Dann der Ostermorgen: JESUS CHRISTUS lebt! Aus eigener Kraft ersteht der GOTT-Mensch von den Toten auf. Das Grab ist leer, Maria Magdalena die erste, der Er öffentlich erscheint, dann den Aposteln und „mehr als 500 anderen Jüngern" (1 Kor 15, 6). 40 Tage hindurch. Dann entschwindet der GOTTES-Sohn zum Himmel in einer Wolke vor den Augen Seiner Mutter Maria und Seinen Jüngern. Aber Er verheißt: „Ich bin bei euch alle Tage bis ans Ende der Welt!" (Mt 28, 20) . Einen Beistand will Er senden, der die Menschen trösten, sie in die Wahrheit einführen wird, bis Er am Ende der Zeiten als Richter wiederkommen wird.

An Pfingsten, 10 Tage nach Himmelfahrt, vollzieht sich der letzte Gründungs-Akt der Kirche (Apg 2): Die Sendung des HEILIGEN GEISTES. Er ist der Geist der Liebe, der Geist GOTTES, der von nun an in jedem einzelnen Gläubigen lebt. Der Geist ist die göttliche Liebe, hat die Kraft GOTTES, stärkt und heiligt jeden Christen, weist ihm den Weg, bis CHRISTUS wiederkommt. An Pfingsten sind die zwölf Jünger mit Maria in Jerusalem ängstlich hinter verschlossenen Türen versammelt, als vom Himmel ein Brausen ertönt und sich der versprochene HEILIGE GEIST wie mit Feuerzungen auf jeden herabsetzt. Mut, Stärke, Feuer durchglüht alle, sie öffnen die Türen und beginnen unter Todesgefahr zu predigen. Tatsächlich werden alle Apostel bis auf Johannes als Martyrer sterben – wie JESUS – aber erfüllt vom Geist GOTTES kann ihnen der leibliche Tod nichts anhaben. „CHRISTUS VINCIT, CHRISTUS REGNAT, CHRISTUS IMPERAT" ist der Siegesruf aller Martyrer bis heute. Auf dem Petersplatz in Rom sind diese Worte in den Stein-Obelisken eingemeißelt: „CHRISTUS siegt, CHRISTUS regiert, CHRISTUS herrscht".

Jetzt beginnt die Zeit der Kirche. Wer mutig sein persönliches Kreuz und Leid in Liebe annimmt und JESU Botschaft lebt, wird mit JESUS, dem König des GOTTES-Reiches, auferstehen und ewig leben. Hier auf Erden aber gilt für alle Christen die frohe Botschaft: „Ihr werdet Meine Zeugen sein in Jerusalem, in ganz Judäa und Samaria, bis an die Grenzen der Erde." (Apg 1, 8). *SR.A.*

Beginn der Weltmission

Petrus, der Fels, dem JESUS das Papstamt anvertraut hat, und Paulus, der in einer Vision vor Damaskus dem Auferstandenen begegnet, sind die Eckpfeiler der Kirche im ersten Jahrhundert. Über Syrien und Kleinasien gelangt Petrus nach Rom. Hier lehrt er und stirbt er den Kreuzes-Tod. Unter Kaiser Nero brennt Rom. Die Schuld wird den Christen in die Schuhe geschoben – von Juden und Römern. Zusammen mit anderen angeklagten Christen steht Petrus im Zirkus von Rom, umgeben von einer tobenden Volksmenge, zum Sterben bereit. JESUS hatte ihm den Martertod vorausgesagt (Joh 21, 18). So wird er ans Kreuz geschlagen, mit dem Kopf nach unten: Petrus hat es so gewünscht, weil er sich nicht für würdig hielt, genauso zu sterben wie sein Meister. Seinen Leib setzt man auf einem heidnischen Begräbnisplatz direkt unter der Mauer des römischen Zirkus bei. Seine Grabstätte wird ein früher Pilgerort. Die durch Pius XII. († 1958) veranlaßten Ausgrabungen führten zur Entdeckung einer uralten Grabstätte inmitten eines römischen Friedhofs genau unter dem Papstaltar des Peters-Doms in Rom. Wie lange sich Petrus in der Hauptstadt des Römischen Reiches aufgehalten hat, steht bis heute nicht fest. Seine Nachfolger, die Bischöfe von Rom, übernehmen von Petrus das Amt und die Verantwortung für die Gesamtkirche. Später kommt der Name „Papst" für den Bischof von Rom auf.

Paulus, jüdischer Christenverfolger aus Überzeugung, wird auf abenteuerliche Weise zum christlichen Missionar. Etwa 60 Jahre v. CHR. wird Israel eine römische Provinz. Wie alle Juden erwartet Paulus den Messias. Von Ihm erhofft er: Israel wird von der römischen Besatzungsmacht befreit werden. Dann aber erlebt er: Die Christen behaupten, ein Gekreuzigter sei der Messias. Und: Der Gekreuzigte sei von den Toten auferstanden und lebe. Das treibt den Juden Paulus zur Weißglut. Er wird zum Christenverfolger, ja sogar zum geistigen Anführer der Rotte, die den Diakon Stephanus im Jahr 33 zu Tode steinigt. Danach macht sich Paulus auf den Weg nach Damaskus, um auch hier gegen die Christen vorzugehen. Da trifft ihn plötzlich die Macht GOTTES.

Ein blendendes Licht wirft ihn zu Boden, er hört JESUS fragen: „Warum verfolgst du Mich?" (Apg 9, 1-25), wird von dem überirdischen Glanz blind und ist so erschüttert, daß er sich bekehrt. Aus dem brennenden Christen-Verfolger Saulus wird der Völker-Apostel Paulus, der nicht nur den Juden die frohe Botschaft von der Auferstehung JESU bringt, sondern als erster auch den Heiden. D.h. seine Missions-Reisen führen ihn mehrfach nach Kleinasien, die heutige Türkei, und über den Bosporus nach Europa. Paulus wird Wandermissionar wie Christus, begleitet zuerst von Barnabas, danach von Timotheus. Sie gehen zuerst ins kleinasiatische Tarsus und nach Antiochia, der drittgrößten Stadt des Römischen Reiches. Danach zwei Jahre ins griechische Korinth, ebenfalls unter römischer Fremdherrschaft. Nach Athen folgen Ephesus und Rom.

Auf Tausenden Kilometern unterwegs, übersteht der Apostel-Seelsorger zahlreiche Verfolgungen und Leiden. Oft scheinen die Menschen des 20. und 21. Jahrhunderts vergessen zu haben, daß die Liebe zu CHRISTUS sich gerade in Leid und Schwierigkeiten festigt und das Wesen des Glaubens ausmacht: Das Überwinden von Problemen, Verfolgung und Martertod in der Kraft CHRISTI. Wiederholt wird Paulus von den staatlichen Behörden wegen „Unruhestiftung" oder von den Juden wegen „Irrglaubens" ins Gefängnis geworfen, fünfmal wird er mit je 39 Schlägen gegeißelt, dreimal ausgepeitscht, einmal gesteinigt, ist dreimal schiffbrüchig und oft in Lebensgefahr (2 Kor 11, 23). Dennoch bleibt er der glühende Glaubens-Verkünder und verfaßt viele Seelsorgs-Briefe an seine neu gegründeten Gemeinden in den Städten, die er besuchte. 14 der Briefe sind erhalten und gehören zum Neuen Testament. Vier sind in Gefängnissen geschrieben.

Im Jahr 58/59 n. CHR. wird Paulus in Jerusalem verhaftet und in Caesarea eingesperrt. Aus der Untersuchungs-Haft wird er zwar – als römischer Bürger an den Kaiser appellierend – entlassen, aber nach Rom transportiert und unter Hausarrest gestellt. Im Jahr 67 n. CHR. wird er, der größte Missionar aller Zeiten, vor den Toren der Hauptstadt mit dem Schwert hingerichtet. Heute liegen seine Überreste in der Kirche St. Paul vor den Mauern in Rom und sind Ziel vieler Pilger. *SR.A.*

Entstehung der Bibel

Die Bibel umfaßt das Alte Testament, aufgezeichnet in den Jahrhunderten vor der Geburt JESU, und das Neue Testament. Zum NT gehören die vier Evangelien, die Apostelgeschichte, die Briefe und die Apokalypse.

Die Bibel-Inhalte sind getreu überliefert. Dafür gibt es Hunderte von Beweisen: Ausgrabungen – zeitgetreue Beschreibungen kultureller Verhältnisse in anderen Schriften z.B. den Schriftrollen vom Toten Meer – Ehrfurcht der Abschreibenden vor den heiligen Texten – frühe Übersetzungen z.B. des NT ins Altsyrische und Lateinische schon im 2. Jhd. – Zitate aus der Bibel in anderen Schriften – den Vergleich des Wortschatzes jedes Bibelschreibers auf seine Einheitlichkeit hin, auf seine Sprachprägung durch seinen Beruf, z.B. Matthäus als Zöllner, Petrus als Fischer – Schreibmaterial-Eigenheiten der Jahrhunderte…

Die Bibel umfaßt 72 Bücher, davon 27 im Neuen Testament. Sie ist das am besten überlieferte Buch der Weltgeschichte, zugleich das am meisten übersetzte, etwa in 2000 Sprachen, und das verbreitetste. Es hat einen inneren geistigen Zusammenhang, in dem die Texte – nicht nur vereinzelte Zitate – aufleuchten und ihre Wahrhaftigkeit zeigen. Die vier Lebensberichte über JESUS, die Evangelien (Evangelium = frohe Botschaft) ergänzen einander, haben viel Gemeinsames, lassen aber auch Fragen offen. Fälscher wären anders zu Werke gegangen, hätten gewaltsam harmonisiert.

Leider besteht bei manchen Christen die falsche Überzeugung, alles sei direkt aus der Bibel zu beweisen. Doch längst existieren in den ersten Jahrhunderten Hausgemeinden, ehe das ganze NT ihnen bekannt ist. In diesen Gemeinden bildet sich eine Tradition praktizierter GOTTES-Verehrung heraus, die neben den schriftlichen Aufzeichnungen das Wesen der katholischen Kirche ausmacht. Erst allmählich, bis ins 4. Jhd. hinein, kristallisiert sich heraus, welche Schriften als Bibelbücher des NT in den Schriften-Kanon übernommen werden, und welche nur Apokryphen sind, die Irrtümer und Wahrheiten vermischen.

Das Christentum ist keine Buch-Religion, wie z.B. der Islam mit dem Koran, der Wort für Wort umgesetzt werden soll. Der CHRISTUS-Glaube ist eine Religion, durchweht vom HEILIGEN GEIST. JESUS mahnt, den GEIST nie auszulöschen. Barmherzigkeit triumphiert über das Gesetz. *PWP*

Wer schrieb das Leben JESU auf?

Lukas – einer der vier Evangelienverfasser - ist erst Arzt, dann Schriftsteller, später Missionar (Kol 4,14). Als römischer Arzt rettet Lukas Kranke, nach seiner Taufe rettet er Tausende von Seelen. Er stammt aus einer reichen Familie in Antiochien in Syrien. Etwa 10 Jahre nach der Kreuzigung CHRISTI fängt er Feuer, als er die Apostel in Antiochien über die Wunder JESU und Seine Auferstehung predigen hört (Apg. 2, 20). Er ist fasziniert, läßt sich taufen und wird ständiger Begleiter von Paulus. Zusammen reisen sie nach Troas, Philippi, Jerusalem, Rom. Der ehemalige Arzt, der ein feuriger Redner ist, hat bald den Beinamen „Licht". Die „Legenda aurea" berichtet: St. Lukas gleicht der Sonne. Bis zum Tod des Paulus ist Lukas bei ihm (Tim. 4, 11) und hilft unermüdlich bei der Verkündigung des Evangeliums. Nach dem Martertod des Paulus wird Lukas Bischof von Theben (Böotien) und stirbt dort - oder nach anderen Quellen in Patras - mit 84 Jahren ebenfalls als Martyrer.

Inspiriert vom HEILIGEN GEIST, beginnt Lukas, die Lebensgeschichte JESU aufzuschreiben. Als Arzt hatte er Genauigkeit gelernt: Er erforscht nun schriftliche Quellen-Texte, hört Augen- und Ohrenzeugen, interviwt die GOTTES-Mutter persönlich, stützt sich auf die beiden bereits vorhandenen Evangelien von Matthäus und Markus. Seine persönliche Note in der Niederschrift der Lebensgeschichte des

MESSIAS: die erbarmende Güte JESU. Der Leitgedanke: „Der Menschen-Sohn ist gekommen, zu suchen und zu retten, was verloren war." (Lk 19, 10). Lukas ist derjenige Evangelist, der am meisten Fakten über Maria berichtet. Die Legende erzählt sogar, Lukas sei der „Maler" des ersten Marien-Bildes gewesen. Das zweite große Werk des Lukas ist die Apostel-Geschichte, die Fortsetzung des Evangeliums. Hier berichtet er, was nach der Himmelfahrt JESU geschah. Seine kräftigen Worte haben ihm das Symbol des Stieres an die Seite gestellt. Sein Gedenktag ist der 18. Oktober *SR.A.*

Treue bis in den Tod

Seit dem ersten Jahrhundert gibt es Priester und Bischöfe, welche die ersten Christen leiten, mit ihnen Gottesdienst feiern und die Sakramente spenden. Geweiht durch die Apostel, die wiederum ihre Vollmacht und Sendung durch JESUS selbst empfangen (Joh 20, 23). Apostolische Sukzession, nennt die Kirche dies, denn jeder katholische Priester führt seine Weihe auf CHRISTUS und die Einsetzung der Apostel zurück. Die heutigen Bischöfe sind die Nachfolger der 12 Jünger im Abendmahlssaal.

Einer der mutigen Martyrer-Bischöfe ist Ignatius von Antiochien († 107). Kaiser Trajan hat ein geordnetes Gerichtsverfahren angeordnet, um denunzierte

Christen zu entlarven und auszuschalten. Römische Soldaten erscheinen in Antiochien und verhaften den Bischof. In Rom soll das Gerichtsverfahren stattfinden. Gefesselt und gebunden, von zehn Soldaten umringt, verläßt Ignatius die Stadt. In Smyrna, wo man ihm eine Ruhepause gönnt, scharen sich die Bischöfe anderer Städte um ihn, denen er Briefe mitgibt, auch ein Schreiben an Rom: „Es ist schön, von der Welt wegzugehen zu GOTT, damit ich bei Ihm auferstehe. Gern sterbe ich für GOTT, wenn ihr es nicht verhindert. Laßt mich eine Speise der wilden Tiere werden, um durch sie zu GOTT zu kommen. Brotkorn GOTTES bin ich, und durch die Zähne der Tiere werde ich gemahlen, damit ich als reines Brot CHRISTI erfunden werde. Mir steht die Geburt bevor. Hindert mich nicht, das Leben zu gewinnen."

Seine Sterbestunde im Kolosseum in Rom: Vier Stockwerke der steinernen Tier-Arena, wo die Gladiatoren-Kämpfe regelmäßig stattfinden. Mehr als 100 m lang und breit ist die Arena, wo der todgeweihte Bischof kniet. 50 m hoch die Steinmauern der Zuschauer-Reihen. Die Augen von Zehntausenden Menschen auf sich gerichtet, liegt der Bischof auf den Knien und betet. Die Römer auf den Zuschauer-Plätzen erwarten ein blutiges Schauspiel. Sie rufen und schreien, die hungrigen Löwen in ihren Käfigen knurren laut. Auf ein Zeichen hebt sich langsam ein Käfig aus dem Boden, im selben Augenblick verstummt die Menge erwartungsvoll. Totenstille. Zwei junge Löwen werden sichtbar und schleichen heran. Dann ein Sprung! Die Pranken durchdringen den Leib des Bischofs. Die Volksmenge brüllt begeistert auf. Das „Weizenkorn CHRISTI" ist zermahlen, der Bischof folgt CHRISTUS im Tod – hinein ins GOTTES-Reich. Aber der blutende Mund des Sterbenden bekennt: „CHRISTUS siegt in Ewigkeit!" *SR.A.*

Blutzeugen des GOTTES-Reiches

Die großen Christenverfolgungen der Antike beginnen unter Kaiser Nero († 68) und enden mit dem Sieg Kaiser Konstantins an der Milvischen Brücke (312) und dem Edikt von Mailand (313). Unter Kaiser Theodosius I. wird das Christentum später zur Staatsreligion erklärt. In Anwesenheit des weströmischen Kaisers Valentian II. und dessen mitregierendem Halbbruder Gratian unterzeichnet der oströmische Kaiser Theodosius I. 380 n. CHR. ein Dekret in Thessaloniki, mit dem alle heidnischen Kulte verboten und das Christentum als einzige Religion im Römischen Reich erlaubt wird.

Dreihundert Jahre zuvor aber sind die Christen den römischen Kaisern ein Dorn im Auge. Der Anspruch der Kaiser in der Tiberstadt: Herr und Gott sind wir! Jeder Mensch hat uns zu gehorchen und zu huldigen! Denn wir haben alle bekannten Länder und Hauptstädte erobert: Karthago in Afrika und Korinth in

Griechenland; die Stadt Alexandria gibt uns die Macht über Ägypten; wir haben Antiochien erobert und herrschen über den Nahen Osten und seit der Zerstörung Jerusalems auch über die Juden. Weihrauchschalen flammen vor den Standbildern der Kaiser im ganzen Reich auf. Eine Huldigung, die nur GOTT gebührt. Alle Bürger des Reiches müssen sie unter Todes-Androhung vollziehen. Die Christen aber – obwohl noch klein an Zahl und arm – versagen den Staatsgottheiten und dem Kaiser diese Ehre. „CHRISTUS regnat! CHRISTUS imperat!" schallt es den Kaisern entgegen: „CHRISTUS herrscht! CHRISTUS ist König! ER allein ist GOTT!"

So geraten sie in Widerspruch mit den Staatsgesetzen, gelten als Religions- und Majestätsverbrecher. Üble Nachrede tut ihr Übriges. Die Hausgottesdienste machen sie verdächtig, auch das strenge Sittenleben nach den 10 Geboten, welches sie von öffentlichen Theater- und Zirkusveranstaltungen fernhält. Der Staat reagiert mit mehreren Dekreten, welche die Behörden zum Töten der Christen ermächtigen und die Bevölkerung zur Denunziation, zur Auslieferung auffordern. Bücher werden staatlich beschlagnahmt, Friedhöfe geschlossen, Gottesdienste untersagt und Priesterweihen verboten. Wer das Weihrauch-Opfer vor dem Kaiserbild verweigert, wird hingerichtet. Sind die Verfolgungen unter den Kaisern Claudius (41-54), Nero (54-58), Domitian (81-96) und Trajan (98-117) noch örtlich und zeitlich begrenzt, so weiten sie sich unter den Kaisern

Decius (249-251), Valerian (253-260) und Diokletian (303-311) gesamtstaatlich aus.

Auf all das reagieren die Gläubigen in Geduld und Liebe, gestärkt durch CHRISTUS und Seine Gegenwart in jeder Eucharistie-Feier. „Seht doch, wie diese Christen einander lieben!" (Apg 4,32). Das Böse überwinden sie durch das Gute – wie JESUS es lehrt. Dazu gehört Demut, tiefer Glaube und innige Liebe zu CHRISTUS und dem VATER und die Bereitschaft zum Martyrium. Keine falsche Solidarität, kein „Kuschel-Christentum" und kein „Papier-Christentum", wie es bei vielen heute anklingt.

Gestärkt im HEILIGEN GEIST, baut sich die Kirche in den ersten drei Jahrhunderten auf dem Blut der Martyrer auf. Verwaiste Jungen und Mädchen werden von anderen Christen aufgenommen. Genauso hilflose Greise. Wer kann, schmuggelt Nahrung oder seelischen Beistand zu den Glaubensbrüdern in Gefängnissen oder in den in Verbannung Lebenden. Freiwillige Spenden werden gesammelt und verteilt. Sogar die Toten werden heimlich in den Katakomben unterirdisch beigesetzt. Der stolzen Eroberungs- und Macht-Kultur der Römer setzen die Christen ein Leben der Reinheit und Keuschheit entgegen: Alle Ehre zuerst GOTT. Keine sexuellen Ausschweifungen, keine Teilnahme an Partys und Gladiatoren-Kämpfen in den römischen Theatern. Sie beten viel: zur dritten, sechsten und neunten Stunde, vor Tisch, am Morgen, am Abend, vor und nach der

Arbeit. Jede Tätigkeit gehört GOTT, ist für IHN verrichtet, soll von IHM gesegnet sein. Jeden Sonntag treffen sie sich unter Lebensgefahr zum Gottesdienst.

Trotz der staatlichen Verfolgung wächst die Zahl der Christen bis ins vierte Jahrhundert so sehr, daß die Kaiser ihre Existenz nicht verneinen können. Es erscheint klüger, sie nicht zu Feinden zu haben und in den Staat einzugliedern. Als Kaiser Konstantin schließlich selbst vor der Schlacht an der Milvischen Brücke eine CHRISTUS-Vision hat, die ihm den Sieg verheißt, ist das Eis gebrochen. Konstantin fördert die Christen und läßt sie in der Öffentlichkeit beten, singen und Kirchen bauen.   *SR.A.*

Das Eingreifen CHRISTI

An entscheidenden Wendepunkten der Weltgeschichte greift JESUS ein – immer im Zusammenwirken mit einem glaubenden Menschen. Im Jahr 312 ist es der römisch-heidnische Cäsar Konstantin, der eine Vision hat und alles auf eine Karte setzt.

Konstantin ist einer der vier Herrscher im Römischen Reich, die sich die Regierung im vierten Jahrhundert wegen des Ansturms der Völkerwanderung teilen. Konstantin soll Gallien regieren und residiert im heutigen Trier. Doch er ist ehrgeizig wie alle Römer und träumt von einer neuen Blüte des Imperium Romanum unter nur einem Kaiser. Dieser will er werden, und zwar in Rom. Dazu müssen die anderen drei Herrscher – Maxentius in Rom, Licinius im Donauland und Maximinus im Osten – militärisch besiegt werden. Konstantins erster Gegner ist Maxentius in der Hauptstadt Rom. Als Konstantin mit seinem Heer vor Rom ankommt, stehen seine 40.000 Soldaten einer Übermacht von 100.000 Kriegern des Maxentius gegenüber. Konstantin muß auf göttliche Hilfe bauen. Seine Mutter ist Christin, daher ist ihm der Glaube nicht ganz fremd. Auch hat er schon in seiner Jugend die Christen von Nikomedia heimlich bewundert, als die Stadt auf kaiserlichen Befehl dem Erdboden gleichgemacht worden ist und die auf CHRISTUS Getauften standhaft und sogar freudig in den Tod gehen. Sein Feind Maxentius vertraut auf die alten römischen Götter, die aber den moralischen und machtpolitischen Verfall des Imperium Romanum nicht hatten aufhalten können. Warum soll der Christengott nicht auch ihm – Konstantin – helfen? So betet er zu ihm um Sieg und die Kaiserwürde.

Da sieht er eines Tages, so berichtet er selbst später, über der Sonne ein Kreuz mit der Inschrift: „In diesem Zeichen wirst du siegen!" Die zeitgenössischen Historiker Eusebius und Laktanz berichten hierüber. Sofort läßt Konstantin ein Feldzeichen anfertigen, das an der Spitze die Anfangsbuchstaben des Namens CHRISTI trägt: XP. Dasselbe Monogramm läßt er auf den Helmen und Schildern seiner Soldaten anbringen. Am 27. Oktober 312 ist die Entscheidungs-Schlacht an der Milvischen Brücke in der Nähe Roms. Konstantins Soldaten greifen an und schlagen die Garde des Maxentius in die Flucht. Unter der Last der fliehenden Massen bricht die Brücke zusammen. Viele sterben im Tiber, darunter auch Maxentius. Der Christengott hat gesiegt. Konstantin und sein Heer ziehen mit dem Labarum, der neuen Kreuzesfahne, in Rom ein, das Volk jauchzt ihnen zu. Ein Jahr später gibt der neue Kaiser des Weströmischen Reiches zusammen mit Licinius, dem Kaiser Ost-Roms, der Kirche ihre Freiheit zurück (Mailänder Edikt 313). Die Christen dürfen fortan ihre Religion ungestört ausüben. *SR.A.*

Eine neue Gesellschafts-Ordnung

Mit dem Auftrag und der Kraft zur Nächstenliebe hat die Kirche sich um Gerechtigkeit im Staat und unter den Völkern zu bemühen. Dafür hat sie eine eigene Soziallehre entwickelt, die auch gegen ungerechte Strukturen angeht. Papst Leo XIII. († 1903) wird sie im 19. Jahrhundert im Zeitalter der Industrialisierung und der Proletarisierung der Arbeiterschaft erstmals aufzeichnen.

Ungerechtigkeit und Ausbeutung von Menschen entwickeln sich aufgrund menschlicher Irrtümer, vor allem wegen mangelnder Achtung der Personen-

Würde des anderen. So ist der christliche Aufruf zu Solidarität über alle Staatsgrenzen und Jahrhunderte hinweg etwas Neues.

Immer schon hat die Kirche den Grundsatz der „Subsidiarität": Sie stützt zuerst die Rechte der Kleinen, der Familie und kleineren Gemeinschaften, und wehrt sich mit diesen gegen oft ungerechte Bevormundung durch Reiche und Mächtige und auch gegen den Allmachts-Anspruch des Staates. Die Kirche verteidigt immer ein sozial verwaltetes Privat-Eigentum und einen gesunden Wettbewerb, z.B. im 20. Jahrhundert in der sozialen Marktwirtschaft.

Der Grundsatz der Nachhaltigkeit macht auf Rücksichtnahme auch gegenüber kommenden Generationen aufmerksam, z.B. bei der zweifelhaften Herstellung und Lagerung von Atom-Müll. Die Grundsätze der katholischen Soziallehre sind in den Sozial-Enzykliken der Päpste genau darlegt. *PWP*

Konzilien:
Das Wehen des HEILIGEN GEISTES

Die Kirche ist immer in Bewegung, ist nie frei von Gegnern. Nach dem Ende der Verfolgungen durch den Römischen Staat sind es einzelne Gruppierungen innerhalb der Christenheit, die den Glauben entweder zu strikt oder zu lässig handhaben. Ungeklärt ist noch vieles im Kirchenrecht, theologische Fragen ergeben sich, die kirchliche Organisation ist erst im Werden. Die vier Evangelien von Markus, Matthäus, Lukas und Johannes und die Apostelgeschichte, die Apokalypse und die Vielzahl der Apostelbriefe sind bereits im ersten Jahrhundert aufgezeichnet worden. Allmählich entsteht so der Kanon des Neuen Testamentes: Papst und Bischöfe müssen entscheiden, welche der Schriftstücke übernommen werden und welche verworfen werden, weil sie nicht den Geist JESU atmen und Wahrheit und Irrtum vermischen, wie z.B. die Apokryphen.

Immer, wenn die Kirche besonders angegriffen wird, versammeln sich die Nachfolger der Apostel, die Bischöfe, zu einer Beratung. Solche Zusammenkünfte nennen wir Konzilien. Das Vorbild ist das Apostelkonzil in Jerusalem (48 n. CHR.), bei dem beschlossen wurde, den getauften Heiden nicht die jüdischen Reinheitsvorschriften der Juden-Christen verpflichtend aufzuerlegen (Apg 15). Im Laufe der 2.000 Jahre Kirchengeschichte folgen 21 Konzilien, einberufen vom jeweiligen Papst. Die Beschlüsse – Dogmen, Lehrsätze - sind verpflichtend für alle Christen. Die ersten sieben Konzilien werden auch von den Orthodoxen anerkannt, die ersten vier auch von den Protestanten. Eine Ausnahme bildet das Zweite Vatikanische Konzil (1962-1965), da es bewußt auf die Verkündigung von Glaubenssätzen in Form von Dogmen verzichtet.

Das Konzil von Nicäa (325 n. CHR.) legt das Glaubensbekenntnis – das CREDO – der Christenheit fest. Der Priester Arius aus Alexandria hat die ewige Gottheit CHRISTI geleugnet. Die Menschen sind verunsichert. CHRISTUS sei vom VATER nur als Geschöpf erschaffen worden. Dem tritt Bischof Athanasius in Alexandrien entschieden entgegen. Die Kirche ist entzweit. Konstantin d. Gr. beruft zusammen mit Papst Sylvester I. ein Konzil ein, auf dem sich der Priester Arius dem Bischof Athanasius stellen soll. Der Kaiser ist besorgt um den Frieden im Reich, wenn sich die gerade erst zugelassene christliche Kirche nicht einig ist. So finden die Verteidiger des rechten Glaubens ihren Schutz. Im Sinne des Bischofs Athanasius bekräftigt das Konzil: GOTT-VATER und GOTT-SOHN sind wesensgleich. „CHRISTUS ist wahrer GOTT vom wahren GOTT, gezeugt, nicht geschaffen, eines Wesens mit dem Vater, durch ihn ist alles geschaffen." So beten und singen wir bis heute.

Auf dem Konzil zu Konstantinopel (381) wird das Glaubensbekenntnis erweitert durch den Passus über den HEILIGEN GEIST, der vom VATER und vom SOHN ausgeht. Auf dem Konzil von Ephesus (431) werden die Anhänger des Nestorius ausgeschaltet: Diesmal geht es um Maria. Das Konzil stellt fest, die GOTTES-Mutter ist „GOTTES-Gebärerin", weil JESUS vom ersten Augenblick Seines Erdenlebens nicht nur Mensch, sondern göttlich ist. Das Konzil von Chalcedon (451) weist die Lehre der Monophysiten zurück und erklärt, daß JESUS wahrer GOTT von Ewigkeit her und wahrer Mensch ist, eine göttliche und eine menschliche Natur besitzt, beide eng verbunden, ohne aber miteinander zu verschmelzen.

Die sieben päpstlichen Konzilien des Mittelalters bewahren die Lehre JESU unter anderem gegenüber Sekten wie den Katharern und Albigensern. Das zweite Lateran-Konzil von 1139 klärt das damalige Schisma und bekräftigt das Verbot der Priester-Ehe. Weltliche Herrscher, die sich nicht an die Lehre der Kirche halten, werden abgesetzt, so Friedrich II. 1245 auf dem Konzil in Lyon. Drei Konzilien bekräftigen die katholische Lehre im Zuge der Reformation, so das Konzil von Trient (1545-1563): das Papst-Amt, die Transsubstantiations-Lehre, die Heiligen- und Marien-Verehrung.

Die Konzilien sind wichtig, da die Kirche sich immer wieder mit neuen Lehrmeinungen auseinandersetzen muß und die ewigen Wahrheiten zu verteidigen hat. Das ist die Aufgabe, die Petrus als erstem Papst zugedacht ist, als JESUS ihm die „Himmelsschlüssel" überreicht. Dabei ist der Papst vom HEILIGEN GEIST geleitet und handelt in Zusammenarbeit mit den Bischöfen, den Nachfolgern der zwölf Apostel.

PWP

Die Stunde der Kirchenväter

Die Kirche nennt sie Kirchenväter, die großen Theologen der Spät-Antike (bis 8. Jhd.). Die neutestamentlichen und ur-christlichen Schriften sind bereits abgeschlossen. Jetzt, nach der Anerkennung der neuen Religion durch den Römischen Staat, liegt der Schwerpunkt auf der wissenschaftlichen Auslegung der christlichen Lehre und der Abgrenzung gegenüber anderen Religionen und Lehrmeinungen. Die Kirchenlehrer gelten als Zeugen der Einheit des Glaubens und der Wahrheit der Offenbarung, richten sich an den Konzilien aus und gelten als heilig. Im Abendland werden zu ihnen Ambrosius, Hieronymus, Augustinus und Gregor d. Gr. gezählt. Im Orient gehören zu ihnen Athanasius, Basilius und Gregor von Nazianz. Alle waren Bischöfe.

Einfach hatte es keiner: Bischof Athanasius († 373) hat vier arianische Kaiser gegen sich, da er konsequent an den Entscheidungen des Konzils von Nizäa festhält. Fünfmal wird er verbannt, ohne daß es aber den staatlichen Autoritäten gelingt, ihn von der katholischen Lehre abzubringen. Im Gegenteil, er lehrt und schreibt unermüdlich weiter, ist Seelsorger und Hirte.

Bischof Ambrosius († 397) ist vor seiner Weihe Staatsbeamter in Rom. Als junger Mann hat er Rechtswissenschaften studiert, ist populär bei der städtischen Elite. Zu dem Kreis gehören Paulinus, später Bischof von Nola, und Hieronymus – später ein großer Gelehrter und der erste, der das Neue Testament aus dem Griechischen ins Lateinische übersetzt. Bald gelangt Ambrosius zu den höchsten Ämtern im Staat, ist zuletzt Statthalter von Mailand, Nord-Italien. Da wird auf einmal der Bischofs-Posten in Mailand vakant: Neuwahlen stehen an, Priester und Volk sind damals dafür zuständig. Unruhe herrscht, da die Arianer eine Person ihrer Wahl durchsetzen wollen. Daher erscheint der Statthalter von Mailand persönlich, um – im Sinne des Konzils von Nizäa – einen Bischof mit anerkannter katholischer Lehrmeinung auf den Bischofs-Stuhl wählen zu lassen. Mitten in seinem Vortrag erschallt plötzlich eine helle Kinderstimme: „Ambrosius Bischof!" Wie einen Ruf vom Himmel greifen die anwesenden Priester und Gläubigen die Worte auf. Ambrosius scheint ihnen ein Mann der Tat, klug, gebildet, durchsetzungsfähig und der Konzils-Lehre verpflichtet. Ambrosius weigert sich, doch dann gibt er nach – zur Ehre GOTTES. Die Priester- und Bischofsweihe des Präfekten Ambrosius geschehen an ein und demselben Tag.

Alles zur Ehre GOTTES. So geht der noch heute gesungene Hymnus „Te Deum laudamus" – „Großer GOTT wir loben dich" – auf ihn zurück. Ambrosius wird Vater des abendländischen Kirchengesanges. Als Arianer ihn eines Tages zwingen wollen, seine Kirche an sie abzugeben und beginnen, die Basilika zu belagern, hält er drei Tage und Nächte, singend und betend mit den Gläubigen, in dem Kirchengebäude unter Lebensgefahr stand. Ambrosius wird zum Anwalt der Kirche. In abwechselnden Chören erschallen Hymnen und Psalmen im GOTTES-Haus, während draußen militärische Befehle der Gegner erschallen. Der Bischof setzt sich durch. Nun erkennt auch der Kaiser, daß auch in Zukunft das Wort des Ambrosius höchste Autorität hat: Alle, auch der Kaiser, stehen in der Kirche, nicht über ihr.

Den schönsten Sieg erringt Bischof Ambrosius aber über die verschlossene Seele eines großen Sünders und Lebemannes, der sich von ihm taufen läßt und später sogar selbst Bischof wird: Augustinus. *SR.A.*

Der größte Afrikaner Europas

Der Berber Aurelius Augustinus († 430) wirkt stark ein auf die Glaubensentfaltung. Er wächst auf im östlichen Algerien. Seine Muttersprache ist Latein. Als Kind bleibt er ungetauft. Mit 18 hat er mit seiner Freundin einen Sohn. Augustinus wird Professor der Rhetorik, der Redekunst, in Karthago, wechselt aber später nach Rom, von dort nach Mailand.

Seine CHRISTUS-gläubige Mutter Monnica weint viel um ihren Sohn, doch der Bischof von Mailand, Ambrosius, tröstet sie: „Der Sohn so vieler Tränen kann nicht verlorengehen!"

Augustinus ist nach langer Suche überzeugt: „Es ist unmöglich, die Wahrheit zu finden." Doch als er Ambrosius hört, springt ein Funke der Liebe über. Als der Sucher dann einmal große Schmerzen hat, beten Freunde für ihn, und er wird gesund. Schritt für Schritt erkennt er die Wahrheit. Innerlich zerrissen wegen seines zügellosen Lebens und des ungestillten Durstes nach GOTT, liegt er eines Tages im Garten, die Bibel neben sich. Da hört er eine Kinderstimme: „Nimm und lies!" Augustinus schlägt die Bibel wahllos auf und trifft – eine göttliche Fügung – die Mahnung in den Paulus-Briefen, Unzucht und Völlerei um CHRISTI willen aufzugeben. Erschüttert erkennt er den Fingerzeig GOTTES und beginnt Glaubensgespräche mit seiner Mutter und Freunden.

Er läßt sich taufen und kehrt nach Tagaste, Afrika, zurück. Hier lebt er nun mit Freunden zusammen wie die Christen in der Urkirche, alles gemeinsam besitzend. Er beginnt zahlreiche Briefwechsel und wird ein selbstloser Helfer. Als er im Alter von 35 Jahren an einer Meßfeier in der Hafenstadt Hippo teilnimmt, sucht der alte Bischof dort gerade einen Priester als Helfer. Augustinus wird als geeignet erkannt und überraschend schnell zum Priester geweiht. Fünf Jahre später dann auch zum Bischof.

Oft predigt er mehrmals täglich, auch bis zu drei Stunden lang, und die ersten seiner 113 Bücher entstehen. Für sein wichtigstes Werk – über die Dreifaltigkeit – braucht der Bischof 20 Jahre. Für die Erklärung der 150 Psalmen 26 Jahre. Daneben drängen ihn seelsorgerische Pflichten. Er kämpft gegen Sekten und Esoterik. Immer wieder betont er: „Vertraut nicht auf Menschen, sondern auf den HERRN!" Morgens, nach der Meßfeier, muß Augustinus als Bischof für Recht unter den Gläubigen sorgen. Auch besucht er oft politisch Verfolgte im Gefängnis, ist um das Seelenheil schuldiger Machthaber besorgt, ist dabei selbst wiederholt in Lebensgefahr. Augustinus kämpft auch gegen falsche Frömmigkeit unter Christen: Daß z.B. oft die Totenmähler nach Begräbnissen in ein gemütliches, ausgelassenes Essen und Trinken ausarten und am dritten, siebten und dem Jahres-Tag wiederholt werden. Selbst an Martyrer-Gräbern kommt es zu Trinkgelagen unter dem Vorwand der Frömmigkeit.

Als die Völkerwanderung einsetzt, flüchten 410 viele Europäer nach Afrika. Die Goten Alarichs erobern Rom. Augustinus deutet das als Handeln GOTTES, der die faul gewordene Heidenwelt nun hinwegfegt. Jetzt beginnt der große Denker Augustinus sein Hauptwerk über den „GOTTES-Staat". Die 10 Gebote gelten ihm als Grundlage eines christlichen Staates.

Tausende von Kilometern legt der Bischof als Seelsorger auf Pferdes Rücken zurück. Als er 72 ist, weiht er – im Einklang mit der Gemeinde – einen Priester zum bischöflichen Nachfolger. Kurz vor seinem Tod überarbeitet er in Demut seine kirchlichen Schriften,

um Irrtümer auszumerzen. Ein Jahr vor seinem Tod fallen die Alanen und Vandalen auch in Afrika ein. Der Bischof flieht nicht wie andere, sondern hält in der belagerten Stadt Hippo stand und ermutigt die Verteidiger. Nach seinem Tod – bis heute – leuchtet das Wort in seinen „Bekenntnissen" auf: „Unruhig ist mein Herz, bis es Ruhe findet in DIR, mein HERR."
PWP

Krönung am Weihnachts-Fest

Einen Kaiser hat Europa seit 1918 nicht mehr – aber christliche Wurzeln. Am 25. Dezember 800 krönt Papst Leo III. den Frankenkönig Karl in Rom zum Kaiser. Karl der Große ist der erste christliche Kaiser des Abendlandes. Ihm ist die Christianisierung Frankreichs und Deutschlands zu verdanken. Dabei kann er an die Missionsarbeit von Bonifatius, des Apostels der Deutschen († 754), und die der Wandermönche aus England und Irland anknüpfen. Durch die Salbung und Krönung in Rom wird Karl zum mächtigsten Herrscher Europas. In enger Zusammenarbeit mit dem Papst werden neue Bistümer und Klöster errichtet, unter anderem in Fulda, wo heute die Gebeine des Bonifatius ruhen. Immer wieder kommt der christliche Kaiser Papst Leo III. mit seinem Heer zu Hilfe - im Kampf gegen Aufstände der Römer oder die Langobarden.

Sein Selbstverständnis als Kaiser: „Unsere Aufgabe ist es, die heilige Kirche CHRISTI gegen Angriffe der Heiden mit den Waffen nach außen zu verteidigen und nach innen durch die Erkenntnis des katholischen Glaubens zu stärken. [...] Euch aber, Heiligster Vater, kommt es zu – wie einst Mose – mit zu Gott erhobenen Händen unser Heer zu unterstützen." (KG Algermissen). Nach dreimaliger Akklamation durch das römische Volk am Weihnachtstag 800 huldigt der Papst kniend dem Kaiser. Die Kaiserkrone verleiht Karl Vorrang vor allen Fürsten des Abendlandes. Die Idee des Kirchenvaters Augustinus († 430) vom irdischen Gottesstaat wird nun Wirklichkeit: Die Kirche sorgt für religiöse und sittliche Werte, der Staat hat politische und soziale Aufgaben. Das Mittelalter ist durchaus nicht finster, sondern voll von hoffnungsvoller Dynamik.

Die vom Herrscher neu errichtete Verwaltungsstruktur mit Königsboten und Grafen soll dem Reisekönig ohne feste Hauptstadt helfen, seine Politik im ganzen Reich durchzusetzen. In seinem Hofstaat befinden sich Gelehrte aus ganz Europa, wie Alkuin († 804) und Einhard († 840). Sie bilden zusammen mit dem Klerus die intellektuelle Elite des neuen christlichen Reiches. Eine Schrift entsteht, die Karolingische Minuskel, Bibliotheken werden errichtet, Chroniken jedes Jahr geschrieben, Schulen gegründet. Karolingische Renaissance nennen die Historiker diese Epoche nach den Wirren der Völkerwanderung und dem Zerfall des Römischen Weltreiches. Karl wird der

Große auch deshalb genannt, da er sein Reich in mehreren Kriegen ausgedehnt hat: Bayern, Sachsen und Langobarden werden seinem Reich angegliedert und christianisiert. Eine Schattenseite dieser anfänglichen Harmonie zwischen Papst und Kaiser existiert jedoch wie bei allen geschichtlichen Ereignissen: Kritiker betonen die Zwangsbekehrung der Sachsen durch Krieg und die spätere Auseinandersetzung zwischen Papst und Kaiser im 11. Jahrhundert über die Frage, wer Bischöfe einsetzen dürfe (Investiturstreit). Erst das Wormser Konkordat von 1122 findet einen Kompromiß für den Rest des Mittelalters.

Welche Bedeutung hat nun die Epoche Karls des Großen für Deutschland? Durch seine Kooperation mit dem Papst und seine Religiosität gelang es ihm, Deutschland – das nach seinem Tod aus dem Riesenreich hervorgeht – ein festes Selbstverständnis zu geben, tief im Christentum verwurzelt. So kann es den Anstürmen ausländischer Mächte und des Islam über Jahrhunderte standhalten. Erst 1918 dankt der letzte deutsche Kaiser aus der Dynastie der Habsburger ab. Damit ist der Titel „der Große" auch über das Frühmittelalter hinaus bis in unsere Zeit gerechtfertigt. Die Kaiserkrönung zu Weihnachten im Jahr 800 war für das Reich Gottes segensreich. *SR.A.*

Faszination CHRISTUS

Heute gibt es etwa 200 Staaten weltweit, 57 davon gehören der islamischen Staaten-Gemeinschaft an, andere sind großteils christlich geprägt. In manchen Ländern sind Christen eine Minderheit und leben zusammen mit anderen Religionen, so in China und Indien. China, der größte Staat mit fast 1,4 Mrd. Menschen, ist heute kommunistisch beherrscht, die Kirche immer mehr im Untergrund tätig, da sie sich einer staatspolitischen Überfremdung entzieht.

Die Historiker sprechen vom Siegeszug des Christentums. Im Jahr 100 n. CHR. leben etwa 300.000 Christen rund ums Mittelmeer. Die Martyrer von Lyon zeugen für die Tatsache, daß um 170 der christliche Glaube in Süd-Frankreich schon Wurzeln gefaßt hat. Es entstehen hier Gemeinden und Bischofssitze im Laufe des 2. Jahrhunderts in Lyon, Vienne, Marseille und Arles. Am Ende der Verfolgungszeit werden die noch unerschlossenen Gebiete Galliens – im heutigen Frankreich - in die Kirche hineingenommen.

Ende des 4. Jahrhunderts wird das Christentum zur Staatsreligion des Römischen Reiches. Anfang des 5. Jahrhunderts gibt es Christen in allen römischen Provinzen. Im 5./6. Jahrhundert erreicht der Glaube England und Irland. Ludwig der Fromme († 840) wendet sich Dänemark und Schweden zu, Otto d.Gr. († 973) den Slawenvölkern. Noch vor dem Jahr 1000 beginnen Tschechen, Polen und Ungarn, Christen zu werden.

Nach den Wirren der Völkerwanderung läßt sich der Frankenkönig Chlodwig († 511) taufen und mit ihm seine Untertanen. Weihnachten 800 wird der Frankenkönig Karl durch Papst Leo III. zum Kaiser gekrönt: Das christliche Abendland ist geboren. Alle Kaiser des Mittelalters werden in Zukunft durch die Päpste in Rom gesalbt werden. Ihre Aufgabe: Die Verteidigung der Kirche, z.B. gegen die angreifenden Muslime im Heiligen Land. Die Kreuzzüge (1095 – 1291) werden als religiöse Defensiv-Kriege, Verteidigungs-Kriege, geführt, nicht als machtpolitische Eroberungs-Kriege.

Die gesamte europäische Kunst des Mittelalters (800 – 1492) ist vom CHRISTUS-Glauben durchdrungen. Architektur, Musik und Wissenschaft, Literatur, Recht und Lebensart stellen GOTT in den Mittelpunkt. Der Christ des Mittelalters will nach dem Tod selig werden, CHRISTUS schauen, und Ihm hier auf Erden Ehre erweisen in allen Handlungen des Alltags. GOTTES- und Nächstenliebe sind ein Muß für jeden, egal ob Kleriker, Adliger, Bürger oder Bauer. Die Sonn- und Feiertagskultur blüht auf, da Muße und Kult zusammengehören. Sprache und Bräuche werden christlich geprägt, bestimmen den Lebens-Rhythmus. Oft müssen Begriffe wie Barmherzigkeit und göttliche Vorsehung erst geschaffen werden, bevor sich die Menschen freiwillig liebend in GOTTES gute Hand fallenlassen.

Die Theologen der Scholastik – z. B. Albertus Magnus († 1280) und sein Schüler Thomas von Aquin

(† 1274) – entdecken die griechischen Philosophen wie Aristoteles und bauen sie in das christliche Lehrgebäude ein. Ebenso findet das Römische Recht seine christliche Variante im Kirchenrecht. Europa zehrt heute weit mehr von christlichen Grundwerten, als den meisten Europäern bewußt ist.

Im deutschen Sprachraum erfolgt zwischen 500 und 1000 n. CHR. die Einigung der etwa 50 germanischen Stämme unter Fürsten und einem König. Die Könige seit Otto I. († 973), dem Großen, sind oft nicht nur Herrscher im Heiligen Römischen Reich Deutscher Nationen, sondern zugleich europäische Kaiser, wenn sie sich in Rom salben lassen. Allmählich setzt sich europaweit das christliche Menschenbild durch. Danach sind die Menschen – Mann und Frau – Abbilder GOTTES, die die Welt zur Ehre GOTTES gemeinsam gestalten sollen. CHRISTUS hat den Weg gezeigt und begleitet die Menschen, bis Er am Ende der Zeiten wiederkommen und das Reich GOTTES vollenden wird. Ehrfurcht und Staunen vor der Schöpfung, Liebe und Treue sind Kennzeichen gelebten Christentums. Im Ehepartner entdeckt der Mann bzw. die Frau immer neue Wesenszüge GOTTES. Kinder sind ein Geschenk des Allerhöchsten, in denen die Schöpferkraft GOTTES aufleuchtet. Die Ehe ist – entsprechend der Lehre JESU – unauflöslich, bis der Tod sie scheidet. Verbunden damit ist – nach dem Beispiel JESU – der Versuch immer neuer Versöhnung. Liebe soll das Böse überwinden. *PWP*

Vom Jäger zum Menschenfischer

Seit dem 11. Jhdt. verehren die Jäger und Forstleute zum Beispiel den Heiligen Hubertus. Auch die Schützengilden zollen Hubertus jährlich Hochachtung. Hubertus ist der Glaubensbringer der Ardennen: Bischof von Tongern-Maastricht (NL) und Gründer der dortigen Abtei St. Hubert. Sein Grab († 727) ist noch heute ein beliebtes Ziel für Christen. Auf Zeichnungen oft zusammen mit einem Hirsch abgebildet, ist er auch dem heutigen Welt-Bürger bekannt. Das zwischen dem Hirschgeweih abgebildete Kreuz geht auf eine Vision des Heiligen zurück. Auch wenn er als Bischof dargestellt wird, sind immer Hirsche und Jagdhunde an seiner Seite. Der Hubertusorden wird heute noch verliehen: Historisch geht er auf einen Sieg am Hubertus-Tag (3. Nov.) zurück. Herzog Gerhard von Ravensberg stiftete ihn in Dankbarkeit im Jahr 1444. Bis 1918 war er der Hausritter-Orden der Wittelsbacher in Bayern.

Hubertus, geboren im französischen Toulouse, wächst am Hof Theiderichs III. von Burgund auf. Als junger Mann wird er Pfalzgraf, besticht seine Umwelt durch Klugheit und heiratet die schöne Floribana von Löwen, Belgien. Diese aber stirbt bei der Geburt ihres Erstgeborenen, was den jungen Ehemann in tiefen Seelenschmerz wirft. Er stürzt sich in weltliche Vergnügungen und insbesondere in die Jagd. Da spürt er plötzlich in den Wäldern der Ardennen einen kapitalen Hirsch auf: Zur Verwunderung des

Jägers bleibt der Hirsch ruhig stehen. Hubert spannt den Bogen, will schießen, da aber sieht er ein leuchtendes Kreuz zwischen den Geweihstangen des Hirsches. Betroffen sinkt er in die Knie. Jetzt vernimmt er eine Stimme: „Vergiß über den weltlichen Dingen die Ewigkeit nicht!" Erschüttert und tief bewegt schenkt der Jäger sein ganzes Leben GOTT: Er verläßt den Hof, tritt von allen Ämtern zurück und zieht sich in die Einsamkeit der Ardennen zurück. Er wird Priester und 708 Bischof. Gegen das Bischofsamt sträubt er sich, doch da wird er wieder im Traum überwältigt: Er sieht einen Engel, der vom Himmel herabsteigt, um ihm die Bischofs-Stola aufzulegen. Hubertus fügt sich in den Willen GOTTES. Mit der himmlischen Stola heilt er als Bischof viele Kranke.

SR.A.

Kathedralen zur Ehre GOTTES

Das Mittelalter in Deutschland (800 – 1500) ist die Blüte des Christentums. Es prägt den Glauben, die Politik, die Wissenschaft, die Volksfrömmigkeit und die Architektur.

Die St. Michaels-Kirche in Hildesheim, erbaut von Bischof Bernward im 12. Jahrhundert, ist ein besonders schönes Beispiel des frühromanischen Baustils. Er hat noch starke Anklänge an die großen, altchristlichen Basiliken der Antike. Die Decke ist in Hildesheim noch flach, während der Dom zu Speyer, ebenfalls ein romanisches Bauwerk, schon ein Mittelschiff besitzt und zwei Seitenschiffe, die ein Gewölbe tragen. Kaiser Konrad II. beginnt den Bau des Domes zu Speyer, vollendet wird er unter Kaiser Heinrich IV., also ein Jahrhundert-Werk.

Starke Mauern, strenge Klarheit und der Sinn für Harmonie sind kennzeichnend für die Architektur der Romanik. Das Innere aller romanischen Kirchen ist Feierlichkeit und ruhige Geschlossenheit. Orte, ja Festungen des Gebets. Strenge Würde gilt auch für die Kunst der Malerei und Plastik. Oft wird der Gekreuzigte abgebildet mit der Krone auf dem Haupt, offenen Augen, nach oben schauend, nicht als Leidensmann, sondern als Sieger.

Daneben blüht auch die Kleinkunst: Goldschmiedearbeiten, Elfenbein- und Goldschnitzerei, Buchmalerei. Diese Kunst offenbart tiefe Ehrfurcht vor CHRISTUS und den Heiligen. Nie werden Menschen-Portraits angefertigt, nur das Göttliche findet Eingang in die Kunst. Sie ist sakral zur Ehre GOTTES und zur Vertiefung des GOTTES-Bezugs der Menschen. Kostbare Kelche, Kreuze, Trag-Altäre und Reliquienschreine werden gefertigt. Heute noch zu besichtigen in Schatzkammern, so im Dom zu Aachen und Köln, in Essen oder Paderborn. Der kostbarste Schrein des Mittelalters ist der der Heiligen Drei Könige in Köln: Er hat die Grundform einer dreischiffigen romanischen Basilika. Herrliche, in

Silberblech getriebene, vergoldete Apostel- und Prophetengestalten sind auf dem Schrein abgebildet.

Im Hochmittelalter zwischen 1300 und 1400 heißt der Ruf der Baumeister: „Sursum corda!" – „Empor die Herzen zu GOTT!" Die Gotik beginnt. Hohe Türme und Kirchenschiffe streben förmlich gegen den Himmel in den riesigen Kathedralen. Der gotische Baustil beginnt im Frankreich des 12. Jahrhunderts und hält dann seinen Siegeszug durch ganz Europa. Statt der Wände werden die Pfeiler und Strebepfeiler mit den Rippen des Gewölbes zu Trägern des ganzen Bauwerkes. Dieser Stützbau verleiht den Kirchen eine Höhe und Breite, die in der Romanik noch unbekannt ist. Hohe Fenster werden mit farbigen Gläsern ausgeschmückt. Alles strebt empor und erscheint leicht bewegt. Eine neue Leichtigkeit zieht ein. Ihre vollkommenste Form erreicht die Gotik in den Kathedralen von Reims und Amiens in Frankreich im 13. Jahrhundert und im Kölner Dom in Deutschland. Sie spiegeln die Sehnsucht der Christen nach GOTT am stärksten wider. *SR.A.*

Kampf der Kulturen

Die Ausbreitung des Christentums trifft immer auf schon existierende Kulturen, wie z.B. die der Germanen, manchmal sogar auf Hochkulturen wie die der Inkas in Amerika. Jedes Mal wirft dies Spannungen auf und bringt Umwälzungen hervor. Das beginnt schon, als die ersten Heiden von Paulus getauft werden. Die Kirche muß entscheiden, ob das preiswerte Götzen-Opferfleisch für die römischen Gottheiten auch von den neu getauften Christen erworben und gegessen werden darf. Paulus legt fest: Wenn Christen durch das Essen von Götzen-Opfer-Fleisch andere Christen z.B. bei gemeinsamen Einladungen durch den Genuß verärgern, sollen sie keines essen. Ansonsten steht dem Verzehr nichts im Wege (Röm 14,15).

Eine große Umwälzung stellt der Übergang z.B. vom griechisch-römischen Alltag zum christlichen Alltagsleben dar, ebenso vom jüdischen Sabbat auf den christlichen Sonntag. Jeden Sonntag feiern die Christen das heilige Meßopfer mit der Gegenwärtigsetzung des Leidens und der Auferstehung CHRISTI. Im Westen entsteht allmählich die klassische Liturgie in Latein. Dieser lateinische Ritus arbeitet griechische Elemente ein, wie z.B. das KYRIE ELEISON, das HERR, erbarme Dich. Ein Kompromiß. Bis zu 14 verschiedene kirchlich anerkannte Meß-Riten entstehen. Rom greift später regulierend ein.

Ein Beispiel für die Inkulturation bei der Ausbreitung des Glaubens ist auch das deutsche Osterfest. Die Germanen z. B. feiern ein jährliches Frühlingsfest; dieses wird nun nach der Annahme des christlichen Glaubens umgedeutet auf CHRISTUS und die Feier Seiner Auferstehung von den Toten. Schritt für

Schritt dringt der Glaube in die Herzen der christianisierten Völker vor.

JESUS selbst hat sich ganz an die jüdisch-kulturellen Bedingungen angepaßt, z.B. die Sklaverei nie frontal angegriffen oder sich selbst im Jordan von Johannes taufen lassen, obwohl er als GOTT-Mensch diese Form der Buß-Taufe nicht nötig gehabt hätte. Was JESUS aber verlangt, ist der Glaube an Ihn als Messias, als Retter und Heiland.

Die Mission unter den Kelten, Germanen, Slawen und Balten im 5.-14. Jahrhundert führt zum Einschmelzen jener Kulturen und zur Entstehung des abendländischen Kultur-Kreises, in dem das Kreuz und die Auferstehung JESU Dreh- und Angelpunkt des Denkens und Handelns sind. Das Grundgesetz der BRD von 1949 formuliert im 20. Jahrhundert den GOTTES-Bezug explizit. Recht und Gesetz basieren auf christlichen Werten, der Staat schützt die freie Religionsausübung (Art. 4) und gewährleistet Glaubens- und Gewissensfreiheit. Niemand darf seit 1949 zum Kriegsdienst gezwungen werden. Religionsunterricht steht unter staatlicher Aufsicht, aber Religionsunterricht ist in öffentlichen Schulen ordentliches Lehrfach. Er wird in Übereinstimmung mit den Grundsätzen der Religionsgemeinschaften erteilt. Eltern haben das Recht, über Teilnahme des Kindes am Religionsunterricht zu entscheiden (Art. 7).

Aber nicht immer gelingt die Inkulturation. Anpassungs-Versuche scheitern beispielsweise bei den Indianer-Reduktionen in Paraguay im 17./18. Jahrhundert oder beim Ritenstreit in China und Japan in derselben Zeit. Die Kirche läßt Raum für eine Vielfalt der Kulturen, wobei die gemeinsame Grundlage der katholischen Glaubens-Einheit die Anerkennung des Papsttums in Rom ist sowie die der Konzils-Beschlüsse. In Vietnam werden bis heute im 21. Jahrhundert beispielsweise Weihrauchkörner in die vor dem Altar stehende Opferschale geworfen. Im Westen wird dagegen ein Weihrauchfaß geschwenkt. Das Zweite Vatikanum erklärt in den 1960er Jahren, daß die Kirche „an keine besondere Form menschlicher Kultur gebunden ist", da sie ewige Wahrheiten verkündet.

Die Zahl der Kreuzzeichen oder Kniebeugen, die Priester und Gläubige während einer Meßfeier machen, sind nicht heils-entscheidend, aber formgebend für eine würdige Feier des heiligen Meßopfers, die immer GOTT in den Mittelpunkt stellt, und nicht den Menschen mit seinem Egoismus und Stolz. Daher auch die Zelebrationsrichtung im klassischen Ritus nach Osten, zur aufgehenden Sonne CHRISTUS, auf GOTT hin – die gemeinsame Blickrichtung von Priestern und Gläubigen. Stille ist notwendig für die würdige GOTTES-Verehrung, daher auch die Stillmessen im klassischen Ritus. *PWP*

Liebling der Iren: Der hl. Patrick

Es gibt kein Jahrhundert ohne Heilige, ohne Menschen, die ihre Liebe ganz CHRISTUS schenken. Sie prägen die Zeit und die Gesellschaft, in der sie leben, entscheidend. Jeder Heilige auf seine persönliche Weise: Der eine im Dienst von Kranken, wie z.B. der hl. Aloysius († 1591), die andere in der reinen GOTTES-Liebe, wie z.B. die Karmelitin Theresia vom Kinde Jesu († 1897) oder Missionare, wie z.B. der hl. Bonifatius († 754).

Jeden 18. März verehren Engländer und Iren den hl. Patrick. Sein Name kommt vom lateinischen „patricius", der „Adlige". Das Leben dieses Apostels Irlands beginnt schon in seiner Kindheit mit einem Abenteuer. Geboren um 385 in England, wächst er unter der Besatzungsmacht der Römer auf. Ein Teil der keltischen Inselbewohner hat bereits das Christentum angenommen. Die römischen Kaiser dulden sowohl die keltische Religion als auch das Christentum, denn seit dem Toleranz-Edikt von 311 n. CHR. sind die Christenverfolgungen durch die römischen Kaiser beendet. Patricks Vater gehört zur Oberschicht, ist Ratsherr und Christ, nebenberuflich sogar als Diakon tätig. Der Sohn ist nicht fromm, eher schlitzohrig und leichtlebig, kein guter Schüler, dafür aber in der Praxis ein guter Sportler im Wettkampf. Als die Iren plündernd durch England ziehen, wird Patrick von irischen Soldaten verschleppt und in Irland versklavt. Bei einem Druiden, einem keltischen Priester, muß er als Hirte dienen. Irland ist derzeit noch ganz heidnisch, aber eine Prophezeiung ist den Kelten bekannt: „Es wird ein Mann kommen mit kahlem Kopf und gebogenem Stab. Sein Mantel wird ein Loch für den Kopf haben. An seinem Tisch, der im Osten des Hauses steht, wird er uns Druiden Unheil singen, und all die Seinen werden antworten: Fiat, fiat, es geschehe, es geschehe!" Sechs Jahre arbeitet Patrick in Irland als Sklave – Zeit, sich mit sich selbst und GOTT auseinanderzusetzen. CHRISTUS ist der Retter – der wahre GOTT – diese Entscheidung fällt in den schweren Jahren der Einsamkeit. Dann gelingt dem Jugendlichen die Flucht: „Und die Furcht GOTTES führte mich durch Gallien und Italien und zu den Inseln der Tyrrhenischen See", also quer durch Europa. Er wird Mönch in Lérins und später in Auxerre, Frankreich, zum Priester geweiht. Sein Selbstbild: „Ich bin Patricius, ein Sünder, ohne Bildung", aber er weiß: Er muß Irland bekehren und die Menschen für den Glauben an den auferstandenen CHRISTUS gewinnen.

Hierzu verhandelt er zuerst mit den Königen und Stammesfürsten in Irland, denn er weiß, nur so kann er die Herzen der Iren gewinnen. Ohne Rückendeckung durch die Landesherren würde ihm der Erfolg versagt bleiben.
Die Begleiter auf seinen Missionsreisen sind ein weiterer Priester, ein Hilfs-Bischof, ein Rechtsgelehrter, eine Leibwache, ein Psalmist, ein Glöckner, ein Koch, ein Brauer, ein Mundschenk, zwei Diener, ein

Wagenlenker, ein Ofenheizer, ein Kuhhirt, drei Maurer, drei Schmiede, drei Handwerker für Metallarbeiten, drei Stickerinnen und ein Schreiber. Die irischen Fürsten finden Gefallen an dem sonderbaren Zug, lassen sich für CHRISTUS gewinnen und helfen beim Kirchenbau. Feinde aber bleiben die Druiden – Attentatsversuche auf Patrick bleiben nicht aus. Aber seine Mission geht unaufhaltsam weiter! Um Kraft zu schöpfen, zieht er sich immer wieder zum Gebet in die Stille zurück. Die Fastenzeit verbringt er auf einem Berg – heute: Croagh Patrick: „Tag und Nacht fastete ich und warf mich dabei wohl hundertmal nieder zum Gebet." Im Jahr 444 erhebt Papst Leo den erfolgreichen Iren-Missionar zum Bischof der Iren. Es ist das Verdienst dieses Glaubensboten, ganz Irland für das Christentum gewonnen und kirchlich organisiert zu haben. Die „Insel der Heiden" tritt damit zum ersten Mal in enge geistige Verbindung mit Europa und der christlichen Welt. Der hl. Patrick stirbt 461 in Nord-Irland südlich von Belfast. Sein Nachfolger gründet die ersten Klöster, in denen „3.000 Mönche singen und beten" zur Verherrlichung GOTTES. Einer von ihnen wird aufbrechen und die Germanen in Deutschland CHRISTUS zuführen, der hl. Bonifatius. *SR.A.*

Wie Deutschland christlich wird

Er will Benediktiner werden, der Engländer. Wynfried, 672 in einer vornehmen Familie in Credition geboren, wird aber nicht nur Mönch, sondern auch Priester, später Bischof und Missionar der Germanen und Gesandter des Papstes. Er ist 30 alt, als ihm der Bischof von Exeter die Hände auflegt und damit die Vollmacht erteilt, die Sakramente zu spenden.

Zuerst verläuft sein Leben im Kloster von Exeter in beschaulichen Bahnen. Doch 716 darf er endlich aufbrechen, um den christlichen Glauben in Friesland, im heutigen Nord-Deutschland, zu verkünden. Doch er bleibt erfolglos und kehrt nach England zurück. Als sein Abt stirbt, wählen ihn die Mönche zum Nachfolger.

718 sendet Bischof Daniel von Winchester den jungen Abt nach Rom zu Papst Gregor II. Dieser wiederum schickt ihn als Missionar erneut zu den heidnischen Germanen. Diesmal ist sein Wirken erfolgreich. Gregor II. weiht Wynfried deshalb 719 zum Bischof, zum „Apostel der Heiden". Die Missionsreise geht über Bayern nach Friesland. 721 predigt er die Auferstehung Jesu in Hessen und Thüringen. Zurück in Rom, wird er ein Jahr später mit der Neuordnung der Kirche in Germanien beauftragt. Jetzt erhält er den Namen Bonifatius, Segensspender. Vor allem die arianischen und iro-schottischen Gemeinden sollen durch Bonifatius der römischen Kirche

eingegliedert werden. Eine besondere Empfehlung an Karl Martell, den mächtigen fränkischen Hausmeier, hat der Papst-Gesandte im Gepäck.

Nicht nur den ungekrönten Franken-Herrscher fasziniert der wortgewaltige, mutige Bischof durch seine Klarheit, tiefe Frömmigkeit und seinen Mut. Die Germanen sind beeindruckt. Wynfried zerstört außerdem zur Bekräftigung seiner Worte heidnische Heiligtümer der Germanen. Erstaunlich: Die „Götter" der Germanen schweigen hierzu. In Geismar, dem heutigen Fritzlar in Hessen, fällt er die dem Kriegsgott Thor (Donar) geweihte Eiche. Aus dem Holz baut Bonifatius eine Sankt Petrus geweiht Kapelle. Heute bildet sie das Fritzlarer Kloster. Dem haben die staunenden Germanen nichts entgegenzusetzen.

Zahlreiche Kirchen- und Klöstergründungen gehen auf Bonifatius zurück, z.B. in Fulda, Ohrdurf, Tauberbischofsheim, Kitzingen und Neustadt. Gebet und Arbeit gehören zusammen: Ora et labora – heißt der benediktinische Leitspruch. Mit diesen Gründungen legt der Missions-Bischof den Grundstein für die Organisation der Kirche im Mittelalter – im Einklang mit Papst Gregor und den karolingisch-merowingischen Herrschern.

Als Anerkennung ernennt ihn Papst Gregor III. 732 zum Erzbischof und 737 zum päpstlichen Gesandten. Nun wendet der unermüdliche Bonifatius seine

Missionskraft den Bayern und Sachsen zu, so daß er die Bistümer Salzburg, Passau, Regensburg und Freising ins Leben ruft.

Die ersten Mitarbeiter des Missions-Bischofs sind Burkhard, Willibald, Wunnibald, Sturmius, Lullus, Wigbert und Gregor, also Mönche und Bischöfe, sowie die Frauen Lioba und Walburga. In den deutschen Bistümern setzt er befreundete Bischöfe ein: in Würzburg, Büraburg, Erfurt und Eichstädt. Der Karolinger Pippin III., seit 751 König der Franken, ist einverstanden. Damit schafft Bonifatius die Grundlage für Karl den Großen, der ab 800 als erster christlicher Kaiser das Abendland regieren wird.

Wie gegenüber jedem Politiker und Kirchenmann bleiben Neider und Konkurrenten nicht aus. Nie war Bonifatius sicher, ob er seinen Bischofsstuhl in Mainz dauerhaft behalten konnte. Vorbeugend entzieht er deshalb sein Lieblingskloster Fulda dem Zuständigkeitsbereich der fränkischen Kirche. Der Papst hilft ihm durch ein päpstliches Privileg.

Als Bonifatius 754 eine große Tauffeier bei Dockum in Westfriesland halten will, wird er von beutegierigen Räubern überfallen und samt seinen 51 Begleitern ermordet. Das Evangelienbuch, das der Schwertschlag durchstößt, wird heute noch in Fulda aufbewahrt. Es ist gerade das Pfingstfest, als der große, wortgewaltige Prediger den Martyrertod stirbt. Sein Leichnam wird zuerst in Utrecht aufbewahrt, später in Mainz und dann in Fulda, was sich Bonifatius gewünscht hat. Heute ist der Dom zu Fulda, wo die Grabstätte liegt, ein berühmter Wallfahrtsort.

Geschichte ist immer an Einzelpersonen gebunden. Sie prägen durch ihre Taten und Entscheidungen eine Epoche – insbesondere wenn sie eine Ausstrahlung haben und andere Menschen begeistern können. Dies gelingt Bonifatius – mit Gottes Kraft im heiligen Geist. Wie die ersten Apostel gewinnt er durch Wort und Tat die Mehrheit der germanischen Stämme für den Glauben an Jesus Christus und dessen Botschaft von Gottes-, Nächsten- und Feindesliebe. Durch seine Gründungen schafft er nicht nur zukunftsweisende Verwaltungsstrukturen, sondern gibt den bislang zersplittert lebenden germanischen Stämmen eine gemeinsame Identität.

Ein Zusammengehörigkeitsgefühl entsteht in Deutschland nach der Zeit der Völkerwanderung und im allmählichen Ablösungsprozeß der Deutschen vom fränkischen Reich. Die Zeit der Zusammenarbeit zwischen König und Papst kann beginnen. Die Germanen wissen, wo sie hingehören: Aus dem germanischen Treue-Eid wird der mittelalterliche Lehnseid. Dazu kommen der den Tod überdauernde Glaube an die Auferstehung Jesu und die damit verbundene eigene Auferstehung. Bis 1918 wird das Heilige Römische Reich Deutscher Nationen bestehenbleiben und die Deutschen im christlichen Glauben und einer christlichen Sozial- und Gesellschaftsordnung einen. Zwischen 800 und 1918 weiß jeder Deutsche: „Ein König, ein Glaube, ein Gesetz." Bonifatius ist Organisator und Baumeister des christlichen Abendlandes. Sein Ehren-Name: Apostel der Deutschen. Sein Gedenktag: der 5. Juni.

Wenn wir auch heute in einer anderen politischen Staatsform, der Demokratie, leben, so ist der christliche Glaube d i e überzeitliche Größe, die den Deutschen die Chance auf ihr Selbstverständnis und ihren nationalen Zusammenhalt gibt.   *SR.A.*

Das stille Gebet im Habit

Aus der Geschichte der Kirche ist das stille Wirken von Schwestern und Mönchen nicht wegzudenken. Wegweiser zum Himmel, werden sie von den Gläubigen genannt. Was JESUS für das Himmelreich verheißen hat, nehmen sie vorweg: „Sie werden weder heiraten, noch geheiratet werden, sondern sind wie die Engel" (Mt 12,18-27). Sie verherrlichen GOTT durch Gebet und Liebe. Wirtschaftlich sind die Klöster autark, Selbstversorger-Betriebe.

Aus dem 3. Jahrhundert n. CHR. sind nur einzelne gottgeweihte Jungfrauen, meist Martyrerinnen, bekannt, die CHRISTUS ihren Bräutigam nennen und für dieses Bekenntnis in den Tod gehen. Angefeindet von ihren heidnischen Eltern, den römischen Behörden preisgegeben, die sie in einer der vielen Verfolgungs-Wellen dahinschlachten. Heute stehen sie im Meßkanon, und einige von ihnen, wie die Heilige Agnes, werden im Hochgebet bei jeder Messe geehrt. Neben den gottgeweihten Jungfrauen gibt es im 3. Jahrhundert einzelne Mönche, die sich in die Wüste zurückziehen, um ganz für GOTT allein dazusein, unbeirrt von den weltlichen Sorgen der Berufskarriere und des Geldverdienens. Zu diesen Wüstenvätern, die ihr Leben in Gebet, Fasten und Arbeit zubringen, gehört z.B. der Eremit Antonius.

Er ist der Liebling GOTTES. Antonius lebt in Ägypten. Noch keine 20 Jahre alt, hat er beide Eltern verloren. Sie haben ihn christlich erzogen. Als der Jugendliche eines Tages auf dem Weg in die Kirche Einsiedler trifft, ist er tief beeindruckt von deren gegenseitiger Liebe und Hingabe an CHRISTUS. Da kommt ihm der Gedanke: „Wozu die Sorgen um Hab und Gut? Die Apostel haben alles verlassen, die ersten Christen auf ihren Besitz verzichtet, die Einsiedler leben nur für GOTT und ihre Seele. Warum nicht auch ich?" Als er wenig später am Gottesdienst teilnimmt, hört er den Priester das Evangelium verkünden: „Willst du vollkommen sein, so verkaufe deine Habe, gib den Erlös den Armen, komm und folge mir nach, und du wirst einen Schatz im Himmel haben!" (Mt 19, 21) Klar steht es nun vor seiner Seele: „Diese Worte gelten dir. Also frisch ans Werk!" Antonius geht nach Hause, verteilt den großen Familienbesitz an die Armen seines Dorfes und baut sich eine Einsiedler-Hütte in der Nähe seines Heimatortes, wie es damals üblich ist. Ein alter Mönch leitet ihn. Anhören und Betrachten der Heiligen Schrift, Gebet und Fasten, Handarbeit für sich und die Armen sind sein Tagewerk. Nachts schläft er auf bloßer Erde oder betet in Nachtwachen. Bald hat er bei den Mönchen und den Menschen im Dorf den Beinamen „Der Liebling GOTTES." Nach und nach sammelt Antonius die zerstreut lebenden Mönche, reiht Hütte an Hütte. Dann baut er in die Mitte eine Kapelle, ein kleines Gotteshaus, wo ein Priester sonntags die heilige Messe feiert. Er selbst lehrt und tröstet die Mönche wie ein Vater und stärkt sie in ihrem entsagungsvollen Leben.

Im 4. Jahrhundert wird aus dieser Bewegung der menschlichen Ganzhingabe eine Bewegung, vor allem in Ägypten, später auch in Kleinasien und Israel. Allmählich entstehen Zusammenschlüsse der Gottgeweihten, erste Klöster mit eigenen Regeln, die den Wechsel zwischen Arbeit und Gebet genau regeln. Die erste Regel geht auf Pachomius zurück. Die Aufsicht über die entstehenden Klöster übernehmen die Bischöfe der jeweiligen Umgebung. Die europäischen Mönchs-Klostergründungen beginnen 529 auf dem Monte Cassino in Italien, als Benedikt von Nursia das erste Benediktiner-Kloster gründet. Das erste Frauenkloster entsteht 410 in Marseille, Frankreich. Die erste Nonnen-Regel wird im französischen Arles geschrieben.

Zu den klassischen Orden zählen die rein kontemplativen Orden, die sich ausschließlich dem Gebet widmen und meist in strenger Klausur, von Fremden und Besuchern abgetrennt, leben. Schweigen, Fasten, Buße sind die Kennzeichen, denn die Mönche und Schwestern beten auch stellvertretend für die Menschen in der Welt. Zu diesen Orden rechnet die Kirche Benediktiner, Zisterzienser, Trappisten, Kartäuser und später Karmeliten. Alle geloben Armut, Keuschheit und Gehorsam um des Himmelreiches willen. Die Benediktiner-Regel schreibt im 73. Kapitel fest: „Dem Gottesdienst soll nichts vorgezogen werden." Viermal wird Monte Cassino zerstört, viermal wiederaufgebaut, zuletzt nach dem Zweiten Weltkrieg.

Aus einem Kloster des Hl. Benedikt geht schon früh ein Papst hervor, Gregor d. Gr. († 604), der die lateinischen Choral-Gesänge in der Liturgie der Kirche fördert, die Gregorianik. Er ist es auch, der die Hauptlaster erstmals offiziell auflistet – Stolz, Habgier, Neid, Völlerei, Zorn, Trägheit und Hochmut - die den Menschen von GOTT scheiden. Den Beinamen „der Große" bekommt der Papst auch deshalb, weil er zum Vater der Heidenmission in Europa wird. Er gibt den Auftrag, junge angelsächsische Sklaven in Südfrankreich zu kaufen, um sie in Roms Klöstern für den geistlichen Stand heranzubilden. Den Kloster-Prior von St. Andreas schickt der Papst anschließend zusammen mit 40 Mönchen nach England, um die Angeln und Sachsen dort für CHRISTUS zu gewinnen. So werden England und Irland allmählich christlich. Irland bekommt sogar den Beinamen „Die Insel der Heiligen".

Im 19. und 20. Jahrhundert werden vermehrt Kongregationen gegründet, die eine besondere karitative Aufgabe in der Gesellschaft übernehmen, z.B. die Ursulinen. Sie sind Schulschwestern, die die Mädchenbildung in die Hand nehmen und mit einem klösterlichen Gebetsleben verbinden. *PWP*

Mönche, die zu Rittern werden

Zur Zeit der Kreuzzüge (1096-1292) entstehen die Templer, der Deutsche Orden und die Johanniter.

Die von acht Franzosen gegründeten Tempel-Ritter (1119) legen zu den drei Ordensgelübden Armut, Keuschheit, Gehorsam ein viertes zum Schutz christlicher Pilger ab. Die Ritter im weißen Mantel mit dem Roten Kreuz wirken in Spanien, kämpfen in der Mongolen-Schlacht bei Liegnitz im Osten Deutschlands und im Heiligen Land. Der Anlaß für den Ritterkampf in Israel ist die Zerstörung von 3.000 Kirchen in Afrika und des Heiligen Grabes JESU in Jerusalem durch Muslime. Die Templer kämpfen nicht nur mit dem Schwert, sondern stehen auch Kranken bei wie heute der Malteser-Orden.

Als die Tempel-Ritter Zypern gegen die Muslime verteidigen, fällt ihnen König Philipp von Frankreich in den Rücken, weil er ihre Besitztümer haben will. Er klagt die Templer wegen „Häresie", „Irrlehre", an und wirft ihnen GOTTES-Lästerung und Homosexualität vor. Die Anklage wird durch erpreßte „Geständnisse" bestätigt. 1312 wird der Orden durch Papst Klemens V. aufgelöst. Noch auf dem Scheiterhaufen in Paris (1314) beteuert Großmeister Jakob von Moley die Unschuld des Ordens.

Der Deutsche Orden wird 1190 während der Belagerung von Akkon im dritten Kreuzzug von Bürgern aus Lübeck und Bremen als Spitalgemeinschaft gegründet. Sie pflegen Kranke und Verwundete. 1199 wird diese caritative Gemeinschaft in einen geistlichen Ritterorden umgewandelt mit der Templer-Regel. Nun nehmen die Deutsch-Ordens-Ritter u.a. auch die Ostkolonisation des Heiligen Römischen Reiches in die Hand und gründen im 13. Jahrhundert den Deutschordens-Staat. Im 14. Jahrhundert umfaßt sein Gebiet 200.000 qkm. Die Ritter tragen einen weißen Mantel mit schwarzem Kreuz. 50 Jahre lang dauert der Kampf im Osten Deutschlands, bis die heidnischen Preußen bekehrt sind. 150 Ordensburgen entstehen im Baltikum und Preußen-Land.

Doch 1410 besiegen Polen und Litauer die Ordensritter. 1526 wird der Ordenshochmeister Protestant. 1809 verbietet Napoleon während seiner Expansionskriege den Deutschen Orden. In Österreich überlebt aber ein Teil von ihm, so daß er auch in Deutschland allmählich wiederauftaucht. Heute umfaßt der Deutsche Orden – mit einer neuen Regel - etwa 120 Mitglieder. Den Ordensrittern ist für die Verteidigung des Glaubens und die Ausbreitung der christlichen Leitkultur zu danken. *PWP*

Das Wormser Konkordat

Wer setzt Bischöfe ein: Papst oder Kaiser? Die Kirche oder der Staat? Hierüber kommt es im 11. und 12. Jahrhundert zum Zerwürfnis. Seit der Kaiserkrönung Karls d.Gr. arbeiten Kaiser und Papst zusammen: Das weltliche Oberhaupt stützt und verteidigt das geistliche, der Papst legitimiert dafür den Kaiser durch Salbung und Krönung und gibt die Leitlinien für Seelsorge und Moral. Was aber, wenn die weltlichen Herrscher nun vermehrt, willkürlich und ohne Rücksprache ihre Interessens-Kandidaten auf die Bischofs-Stühle bringen? Darf der Papst zu moralisch und religiös ungeeigneten Kandidaten schweigen?

Ein klares Nein kommt von Papst Gregor VII. und der Reformbewegung von Cluny in Frankreich. Beide fordern eine Vergeistigung von Klerus und Ordensleuten. Intensives Gebet kennzeichnet den Geist des Klosters Cluny in Frankreich: Von den acht Äbten zwischen 910 und 1156 verehrt die Kirche heute sieben als Heilige. Diese cluniazensische Bewegung ergreift im 11. Jahrhundert alle europäischen Länder.

Papst Gregor VII. verbietet auf der Fastensynode von 1074 endgültig die Priesterehe und den Kauf von Kirchenämtern, ein Jahr später jede Übertragung einer kirchlichen Stelle durch einen Laien. Vor allem stellt er 1075 klar, daß die Investitur – die Einsetzung – von Bischöfen nicht durch Laien zu geschehen habe, das heißt konkret: nicht durch den Kaiser. Dadurch wird die staatspolitische Grundlage im Heiligen Römischen Reich Deutscher Nationen erschüttert.

Die Bischöfe sind im Mittelalter oft zugleich politische Territorialherren mit staatlichen Hoheitsrechten und Aufgaben. Da ihre Güter aufgrund des Zölibats nicht an Nachkommen vermacht werden können und immer wieder an den Staat zurückfallen, sind die Bischöfe die besten Stützen des Königs. Daher auch das Interesse des Königs, die Auswahl und Einsetzung der Bischöfe selbst vorzunehmen. Jetzt widerspricht der Papst, da Geistliche nur durch Geistliche ausgewählt und eingesetzt werden dürfen – d.h. Bischöfe allein durch den Papst als geistliches Oberhaupt.

Zwischen 1067 und 1122 eskaliert dieser religiös-politische Streit bis hin zur gegenseitigen Absetzung von König Heinrich IV. und Papst Gregor VII. Zwar unterwirft sich Heinrich IV. auf seinem Bußgang nach Canossa, um sich von der Exkommunikation zu befreien, doch danach schwelt der Streit weiter.

Erst das Wormser Konkordat findet eine dauerhafte Lösung 1122.

Neun geistliche und neun weltliche Bischöfe, an deren Spitze die Erzbischöfe von Mainz und Köln, unterzeichnen die Abmachung zwischen Papst und Kaiser. Gelehrte Theologen, besonders Bischof Ivo von Chartres, haben diese Einigung durch Lösung der rechtlichen Bedenken und Schwierigkeiten vorbereitet, indem sie zwischen einer „geistlichen" und einer „weltlichen" Investitur der Bischöfe unterscheiden. Jetzt einigen sich Papst Kalixt II. († 1124) und Kaiser Heinrich V. († 1125) auf einen neuen, dauerhaften Rechtszustand in der Frage der Bischofs-Einsetzungen: Als geistliches Oberhaupt hat der Papst das Recht, Bischöfe in ihr geistliches Amt einzusetzen, d.h. als Seelenhirten ihres Territoriums; als weltliches Oberhaupt aber hat der Kaiser das Recht, die Bischöfe in ihr weltliches Amt einzusetzen, d.h. als politische Herrscher in ihrem Territorium. Die Kirche überreicht dem neuen Bischof Ring und Stab als Symbole für sein neues geistliches Amt, der Staat überreicht dem neuen Bischof ein Zepter als Symbol weltlicher Herrschaftsrechte. Ein Kompromiß, der den Investitur-Streit beendet. Die Kirche hat freie Wahl bei der Person des neuen Bischofs, der Wahlvorgang aber muß in der Gegenwart des Königs oder seines Vertreters erfolgen. Die sich anschließenden Belehnungen des gewählten Bischofs müssen innerhalb von sechs Monaten durchgeführt werden.

Durch die Initiative Gregors VII. wird die Kirche frei von staatlicher Bevormundung. Die Gefahr eines Cäsaropapismus, der in der Ostkirche herrscht, ist in der römisch-katholischen Kirche des Westens nun gebannt. Immer mehr zentralisiert sich seit Gregor VII. die kirchliche Verwaltung im Papsttum. Alle wichtigen Fragen in der Kirche müssen seit Gregor VII. in Rom zur Entscheidung vorgelegt werden. Dadurch wächst notwendig die Zahl der päpstlichen Beamten. Dieser Beamtenstab wird seit dem 11. Jahrhundert „Curia Romana" – „Römische Kurie" – genannt. Der Titel „Papst" – „Papa" – wird von Gregor VII. für den Papst reserviert. Die weiße Tiara wird jetzt die gängige Kopfbedeckung jedes Papstes: Der bischöflichen Mitra wird um den unteren Rand ein mit Edelsteinen geschmückter Kronreif hinzugefügt. Seit dem 12. Jahrhundert behalten sich die Päpste auch die Absolution für besonders schwere Sünden vor, ebenso die Kanonisierung von Heiligen. Auch auf die Besetzung höherer und niederer kirchlicher Ämter in den Diözesen der einzelnen Länder bekommt die Römische Kurie jetzt einen sich steigernden Einfluß durch Ausnahme- und Bestätigungsrechte. *SR.A.*

Die zwei großen Kinder-Kreuzzüge

Aus Frankreich und Deutschland ziehen 1212 je 20.000 Kinder zu Fuß Richtung Heiliges Land. Der französische Hirtenjunge Stephan und der Kölner

Junge Nikolaus stellen sich an ihre Spitze. Auch Priester und Frauen schließen sich ihnen an.

Tief ist diesen Kindern die Liebe zum Heiligen Land und CHRISTUS eingeschrieben. Mit ihrem Leben wollen sie ihren Glauben verteidigen, es den Erwachsenen gleichtun. Lieber wollen sie als Martyrer im Kampf sterben, als nicht wenigstens versucht zu haben, das Heilige Land gegen die Eroberungen des Islam zu verteidigen.

Von Marseille aus nehmen die französischen Kinder Schiffe, um über das Mittelmeer Afrika zu erreichen. Zwei der sieben Boote versinken während der Überfahrt in der Nähe von Sardinien. Die überlebenden Kinder landen in Ägypten, geraten dort aber in islamische Gefangenschaft. Sie werden versklavt, ebenso 400 Priester, die mit ihnen unterwegs sind.

Im deutschen Kinder-Kreuzzug sind auch zahlreiche Mädchen. Der Zug marschiert über die Alpen. Da sie zu Fuß unterwegs sind und ständig Hunger leiden, überleben viele die Kälte der Berge und die Strapazen nicht. Viele Kinder sind bereits tot, als der Kreuzzug Italien erreicht. Die Hafen-Stadt Genua weist sie ab. Papst Innozenz III. entsendet Legaten, um die Kinder zur Rückkehr nach Deutschland zu bewegen. Ein Teil folgt dem Rat, einige Tausend aber laufen weiter Richtung Süden. Sie schlagen sich bis Brindisi durch, wo ihnen aber der Bischof die Fahrt übers Mittelmeer verwehrt.

Die meisten Kinder sterben auf dem Heimweg. Mädchen werden geschändet. Eine Niederlage kindlicher Schwärmerei? Ein Scheitern von Idealisten? Dennoch bleibt für den heutigen Menschen die Todesbereitschaft der Kinder für CHRISTUS beispielhaft. Damals ist sie leider ins Emotionale abgeglitten. Wer aber ist heute noch wie diese Kinder bereit, alles aufzugeben, um für die Wahrheit Zeugnis abzulegen?
PWP

Kölns Aufstieg zur Welt-Stadt

Hierfür sind die 3 Heiligen Könige im 12. Jhd. verantwortlich: Zahlreiche Kölner Bürger verfaßten Testamente zu deren Gunsten.

Die drei Kronen im Stadtwappen erinnern seit dem Mittelalter an Caspar, Melchior und Baltasar, die 1164 im Dom zu Köln ihre letzte Ruhestätte fanden. Genau kennt man die Namen nicht, weiß aber daß die drei Heiligen aus Persien oder Mesopotamien stammen. Das Matthäus-Evangelium berichtet über ihre Reise nach Bethlehem. Als Weise des Morgenlandes gehören sie der Priesterklasse an und sind von königlichem Geblüt. Sie beobachten Sterne und deuten sie. Als sie den Wander-Stern entdecken, folgen sie ihm mutig – alle drei sind unabhängig voneinander aufgebrochen – entsprechend der Verheißung, daß dieser Stern sie zu dem angekündigten MESSIAS, dem Retter der Menschheit, führen werde. Diesen wollen sie anbeten. Gemeinsam erreichen sie ihr Ziel und huldigen dem JESUS-Kind in der Krippe.

Jedes Jahr am 6. Januar feiert die Kirche seit der Antike das Fest der „Epiphanie, der Erscheinung des Herrn": GOTT offenbart sich im Kind in der Krippe der Welt. Die drei Magier sind die ersten Menschen aus der Heiden-Welt, d.h. Nicht-Juden, die JESUS huldigen. GOTT will sich allen Menschen offenbaren. Die Geschenke für den Neugeborenen haben insbesondere symbolische Bedeutung: Das mitgebrachte Gold drückt die Anbetung der Königswürde JESU aus. Der Weihrauch verherrlicht das Kind als GOTT. Die Myrrhe ehrt die sterbliche Menschheit JESU CHRISTI. Dieses Geheimnis haben die drei Weisen aus dem Morgenland verstanden.

Der Aufstieg Kölns zur Handels- und Weltstadt beginnt, nachdem Kaiser Friedrich Barbarossa Mailand erobert hat, und sein Kanzler, Rainald von Dassel (Erzb. von Mainz), die Reliquien der drei Weisen 1164 mit nach Köln bringt. Schenkungen und hohe Geldspenden von reichen Kölnern, Fürsten und Königen füllen nun den Kölner Domschatz an. Bald muß auch der Stadtmauer-Gürtel aufgrund der Pilgerströme und der vielen Neu-Bürger erweitert werden. Heute schreiben die Sternsinger – Kinder aus den kath. Pfarreien – jeden 6. Januar im Gedächtnis an die Anbetungs-Reise der drei Hl. Könige die Segens-Formel an jede Haustür: „Christus mansionem benedicat"("Christus segne dieses Haus!"). C+M+B sind nicht die Namens-Kürzel der drei Heiligen, sondern Zeichen des GOTTES-Friedens für jeden Gläubigen. *SR.A.*

CHRISTUS oder Allah?

Bernhard von Clairvaux († 1153), Zisterzienser-Abt, Kirchenlehrer und Heiliger – ermutigt die Tempel-Ritter in verschiedenen Schriften zum Kampf gegen den Islam: militärisch und im Gebet. Auf dem Reichstag von Vezelay heftet er dem französischen König Ludwig VII. persönlich das weiße Kreuzzeichen an, das Kennzeichen der Kreuzzugs-Ritter. Bernhard reist durch Frankreich, Deutschland und Flandern, um Fürsten, Bischöfe, Äbte, Priester, Ordensleute und Gläubige zum Kreuzzug gegen die Muslime zu gewinnen. Grund: Die Hauptstadt Jerusalem und die christlichen Pilgerorte im Heiligen Land, dem heutigen Israel, sind durch die islamischen Expansions-Kriege für Pilger unzugänglich geworden. Ohne die Defensiv-Kriege der Kreuz-Ritter wären die Orte, an denen JESUS wirkte, für Christen verlorengegangen.

Mächtige Worte Bernhards erschallen durch Europa: „Die Heiden sollen nicht sagen: Wo ist ihr GOTT? Zu Siegern auf Erden und Heiligen im Himmel mache euch der Bräutigam der Kirche, der Sohn Mariens, der HERR, unser GOTT." Tausende folgen dem Aufruf. Papst Urban II. ruft persönlich zur Verteidigung Jerusalems während der Synode von Clermont 1095 auf. Kreuzzugs-Stimmung erfaßt die europäische Christenheit. Wortgewaltig auch Thomas von Aquin († 1274), Dominikaner-Pater und Professor der Theologie in Paris und Neapel: Der Islam ist eine heidnische Religion! Diesen Gedankengang entfaltet er in seiner „Summa contra gentiles", die zum Lehrbuch für die Muslim-Mission wird. Differenziert werden die Glaubenswahrheiten von Christentum und Islam gegenübergestellt.

Heute hat es der Islam leichter. Politiker sehen sich genötigt, Tausende muslimische Kriegsflüchtlinge aus dem Nahen Osten oder Afrika aufzunehmen, entsprechend der Kapazität des eigenen Landes. Eine zweite Entwicklungs-Tendenz kommt hinzu: Die Flüchtlinge sind im Großteil gläubiger und zielstrebiger als das säkularisierte, verweltlichte, Abendland, in dem die Zahl praktizierender Christen zwischen 10-20% liegt. Verschwunden auch die starken christlichen Herrscher, die in Einheit mit dem Papst und den Gläubigen nächtelang im Gebet den Himmel bestürmen. Drittes Problem: Der Koran zielt auf eine aktive Islamisierung Europas und gipfelt im IS-Terror. Dynamik auch in der hohen Geburtenzahl der eingewanderten muslimischen Familien.

Die Antwort der Christen muß auf drei Ebenen liegen: Der Einzelne lebt sein Christentum im Alltag konsequent – in Gebet, Gottesdienst und Nächstenliebe – wobei sich die Liebe in Barmherzigkeit gegenüber friedlichen Muslimen äußert. Dann zweitens, das Sich-Bewußtmachen der eigenen christlichen Identität und der Würde des 2000 Jahre alten Glaubens. Christen müssen, ja dürfen sich nicht verschmelzen lassen mit Muslimen. Sie haben eine eigene Würde und vertreten einen Wahrheitsanspruch GOTTES, der sich fundamental von der im Koran gelehrten Lehre Mohammeds unterscheidet. Drittens gilt für die Christen von heute – trotz der zunehmenden Zahl von Christenverfolgungen durch muslimische Regierungen – immer noch der Missions-Auftrag JESU: Verkündet die frohe Botschaft vom ewigen Leben allen Menschen auf der Erde. Dies ist Handlungs-Auftrag heute: Kein Zurückziehen, sondern Verkünden der Auferstehung JESU. Er ist nicht einfacher Prophet, wie Mohammed behauptet, sondern der RETTER der Welt. *SR.A.*

Missionare in aller Welt

1492 entdeckt Columbus Amerika. Das Mittelalter klingt allmählich aus, ein neues Menschenbild entsteht. Entdeckungsreisen in die ganze Welt, wissenschaftliche Forschungen und Erfindungen werden gemacht. Der christliche Glaube aber wird auch in die Neue Welt von mutigen Missionaren gebracht. Nach der Entdeckung Amerikas wird die Mission der

Neuen Welt 1494 zwischen Spaniern und Portugiesen aufgeteilt. Heute ist Brasilien das größte katholische Land, von den mehr als 200 Millionen Menschen sind heute zwei Drittel Katholiken. Asien wird insbesondere durch den Jesuiten-Orden missioniert. Franz Xaver († 1552) wirkt dort im 16. Jahrhundert. Matteo Ricci († 1610) predigt und tauft in China. Der Jesuit Petrus Canisius († 1597) faßt als Antwort auf die Reformation die katholische Lehre in einem Katechismus zusammen. Dieser ist nicht nur bei den Deutschen beliebt, sondern auch eine große Hilfe bei der Weltmission. Die Philippinen und Korea werden durch europäische Missionare erreicht.

Immer aber ist die Glaubensverkündigung schwierig und angefochten: In Deutschland entwickelt sich die im Jahr 1517 begonnene Reformation Martin Luthers († 1546) zum 30jährigen Krieg (1618-1648). In ganz Europa stehen sich katholische und protestantische Kriegs-Bündnisse gegenüber, bis der Glaubenskrieg – inzwischen auch zum politischen Krieg geworden – durch einen Kompromiß auf der Ebene des Status quo im Westfälischen Frieden endet. Die Zeit der Ko-Existenz von Protestanten und katholischer Kirche beginnt. Bis heute gilt das Wort JESU: „Wenn sie Mich verfolgt haben, werden sie auch euch verfolgen" (Joh 15, 20).

Gestärkt werden die christlichen Missionare durch die Gebete in den Klöstern. Im Jahr 1980 zählt die katholische Weltmission 50.000 Mitarbeiter – Priester, Ordensleute, Laientheologen. Jeder Zehnte von ihnen stammt aus Asien oder Amerika. Selbst Länder mit einer geringen Zahl von Katholiken senden Glaubensboten aus. Das II. Vatikanum (1962-1965) hat die Mitverantwortung jedes Bischofs für die Weltmission ausdrücklich festgeschrieben. 1959 werden in Deutschland für diese Aufgabe 7 Mio DM gesammelt. Verbunden mit der Glaubensverkündigung ist immer die praktisch-materielle Hilfe für Arme: 1959 erbringt die erste Misereor-Kollekte etwa 35,5 Mio DM. Ordens-Schwestern und -Brüder helfen in Krankenhäusern und Schulen überall auf der Welt. Sie unterstützen die Seelsorgearbeit der Priester vor Ort. Mission und Entwicklungshilfe gehören zusammen, GOTTES- und Nächstenliebe sind eins. So entsteht 1961 die Seelsorgs-Aktion Adveniat. Sie startet mit etwa 23 Mio DM, um in Latein-Amerika Priester auszubilden. Später kommt Renovabis dazu mit Hilfe für Ost-Europa. Diese materielle Hilfe für die Glaubensverkündigung in aller Welt bewahrt Deutschland – und die gesamt westliche Welt – nicht vor Priestermangel und Säkularisierung, Verweltlichung der Gesellschaft im 20. Jahrhundert.

Das Paradox geschieht: Im Laufe der Nachkriegs-Zeit und bis ins 21. Jahrhundert hinein, wird der Priestermangel in Deutschland so groß, daß Tausende ausländischer Geistlicher hier tätig werden. Deutschland selbst ist Missionsland. Neu-Evangelisierung heißt der Schlachtruf seit Papst Johannes Paul II. († 2005). *PWP*

Die schwebende Nonne

Noch immer sind 450 Briefe, 500 Jahre alt, von der Kämpferin erhalten. Sie schreibt selbst an Könige. Die Frau aus dem spanischen Avila wird „die Große" genannt.

Noch keine 7 Jahre alt, überredet sie nachts ihren 11jährigen Bruder, mit ihr nach Nordafrika zu ziehen, Muslime zu bekehren und vielleicht als Martyrer zu sterben. Doch die beiden Ausreißer werden aufgegriffen und heimgebracht. Im Backfisch-Alter liest Teresa Ritter-Romane, schreibt sogar selbst einen. Und sitzt stundenlang vor dem Spiegel, läßt sich umschwärmen, bis sie merkt: „So richte ich mich zugrunde!" Der Gotteshunger bricht durch. Mit 19 flieht sie aus dem Elternhaus, um Karmelitin, Anbetungs-Schwester, zu werden. Sie bleibt aber in dem ummauerten Städtchen Avila mit seinen 88 Türmchen, 1.200m hoch gelegen. Das wird ihr Verhängnis. Zu oft kommt Besuch zu der lebensnahen Nonne hinter Gittern, um stundenlang belanglos „Neues" zu berichten – wie heute oft beim Fernsehen. Der Zwiespalt macht die junge Frau seelisch krank. Drei Jahre lang liegt sie wie gelähmt – fast wäre sie lebendig begraben worden. 20 verlorene Jahre! Sie selbst sagt von sich: „Ich habe die Regeln am wenigsten gehalten."

Da erschüttert Teresa ein Bild: „Jesus an der Geißelsäule". Die seelische Bewegung ist so stark, daß die

Schwester Umkehr gelobt: „Bisher m e i n Leben – jetzt Gottes Leben in mir!" Mit ähnlichem Ungestüm, wie sie bisher verweltlichte, wirft sie sich jetzt ins Gebet. Mitschwestern bezeugen: „Manchmal ist ihr Körper meterhoch überm Boden." Zahlreiche Visionen – heute kirchlich anerkannt – folgen. Doch Teresa selbst ist so etwas eher peinlich. Sie will keine Sensation und fragt sich selbst, ob ihre Einbildungskraft sie täusche. Die selbstkritische Frage ist eher ein Erweis der Echtheit. Die Karmelitin ist überzeugt, so jämmerlich schwach vor Gott zu sein, daß sie dessen besonderer Hilfe bedarf. Dennoch verliert sie sich nicht in der Meditation, sondern erklärt: „Mache dir nichts daraus, deine Andacht aufzugeben, wenn du einer Kranken irgendeine Linderung verschaffen kannst." Ähnlich der deutsche Meister Eckehart: „Es gilt, zu dem Armen hinzueilen, der nach Suppe schreit." Teresa nimmt gern den Besen in die Hand.

Inzwischen sind die damaligen Karmeliter – wie heute manche Orden – „lasch" geworden, damals oft unversorgte Töchter vornehmer Familien, bequem lebend. Teresa will reformieren, vom Papst und von Bischöfen unterstützt. Ohne Geld beginnt sie mit drei Schwestern einen kleinen Klosterbau am Rande Avilas. In einer der Ekstasen hatte Jesus sie dazu aufgefordert. Ständig ist Er ihr Begleiter, Ratgeber und Freund in ihren Gebeten. Die Gründerin wird zur Barfüßlerin. Gegner rotten sich zusammen. Eine wütende Menge, in dieser auch Domkapitulare. Ein Prozeß gegen Teresa beginnt. Siebzehn Sitzungen. Sie wollen das Kloster niederreißen. Jede Zeit hat ihre Verrücktheiten. Schließlich darf es doch stehenbleiben. Teresa kann sogar den erst 25 Jahre alten Karmeliten Johannes vom Kreuz gewinnen – zur Reform auch der Männerklöster. Währenddessen sind sieben ihrer leiblichen Brüder nach Südamerika aufgebrochen.

Plötzlich ein Rückschlag! Neugründungen werden aufgehoben, Teresa in ein Kloster eingesperrt. Wegen ihrer vielen Gründungs-Reisen wird sie als „Landstreicherin" beschimpft. Sie aber: „Die stärkste Lanze, den Himmel zu erobern, ist Geduld in Prüfungen." Teresa schreibt König Philipp II. Da bricht sie sich auch noch den linken Arm, wird verleumdet, ihre Schwestern werden eingesperrt, können aber fliehen. 1580, Teresa ist 65, greift Papst Gregor XIII. ein. Trotz aller Kämpfe sieht Teresa immer noch jugendlich aus. Der Papst bestätigt die Satzung der „Unbeschuhten". Die meist kranke Gründerin kann bis in ihr Todesjahr – sie wird 67 – weiterreisen. Sie reitet auf ihrem Maultier oder fährt in Ochsenkarren auf rumpelnden Wegen. Flöhe erträgt sie lächelnd. 32 Frauen- und Männerklöster darf sie gründen. Kann sie in einer Kutsche mitfahren, zieht sie den Vorhang vors Fenster, um so ihre „Klausur" zu leben. „Jetzt ist keine Zeit, mit Gott über geringfügige Dinge zu verhandeln", betont sie, muß aber Grundstücke kaufen, Erlaubnisse einholen, Baupläne entwerfen, in Kneipen übernachten. Notfalls näht sie selbst Ordenskleider für ihre Schwestern. Ihr Grundsatz: „Es kommt vor allem darauf an, entschlossen zu beginnen... Gott hat mir einen Mut gegeben, der den einer Frau übersteigt... Wir stehen unablässig im Krieg!" Letztlich meint sie Satan, sieht Schwierigkeiten als sein Zeichen. Deshalb fordert sie von den ihren: „Schlaft nicht! Es gibt keinen Frieden auf Erden. JESUS selbst wollte sterben wie ein starker Hauptmann." Während öffentlicher Wahlen lebt sie mit ihren Schwestern in besonderer Buße. Doch zugleich liebt und besingt sie Felder, Flüsse, Blumen, Gärten, herrliche Landschaften.

Teresa, die oft fastet, kann herrlich kochen. Berühmt ist das Rebhuhn-Essen, zu dem sie eingeladen wird, wobei Lästerer spotten. Sie aber: „Wenn Rebhuhn, dann Rebhuhn!" Beim Singen begleitet sie ihre Schwestern auf der Flöte. Selbst wenn Besuch da ist, dreht sie das Spinnrad. Klöster sollen nicht betteln, sondern arbeiten. Ihre Schwestern ermutigt sie: „Der HERR ist euch auch in der Küche nahe inmitten der Töpfe!" Sie ist fröhlich, obwohl sie fast ständig krank ist. Schwermütige Bewerberinnen lehnt sie ab. Aus dem Stegreif dichtet sie fröhliche Lieder, schwingt das Tamburin dabei und tanzt sogar mit ihren Schwestern um einen Sarg („Die hat es geschafft!"). Sie selbst stirbt in größter Heiterkeit. Lachen gehört zu ihrem Leben. Berühmt ist ihr Wort: „Nichts soll dich ängstigen, nichts dich erschrecken. Alles geht vorüber. Gott allein bleibt derselbe. Geduld erreicht alles. Gott allein genügt." Das alles wüßten wir nicht von Teresa, hätte sie nicht, gehorsam gegenüber ihren

Beichtvätern, ihre Lebensgeschichte niedergeschrieben oder während anderer Arbeiten diktiert. Nie hat sie Zeit, ihre Worte noch einmal zu verbessern. Sie schreibt, wie sie es von JESUS hört. Sie schreibt, wie sie spricht. Vor allem ihr Gebetsleben zeichnet sie auf: die geheimnisvolle Führung, das „Buch der Erbarmungen Gottes" und die „Seelenburg". Tersteegen, Leibniz und andere große Protestanten lassen sich von Teresa anregen, vor allem von ihrem Glaubensmut. *SR.A.*

Sieg über den Islam

Brennpunkt Konstantinopel (1453): Die Türken erobern Konstantinopel. Die Tür nach Europa ist für den Islam geöffnet. Bereits im Jahr 732, hundert Jahre nach dem Tod Mohammeds, müssen sich die Franken einem anti-christlichen Ansturm stellen. Es gelingt Karl Martell, dem Großvater Karls des Großen, die Araber bei Tours und Poitiers zurückzuschlagen. Frankreich und Europa bleiben christlich. Auf ihrer Reichsfahne haben die Franken den hl. Erzengel Michael abgebildet: Bis heute der Schutzpatron von Franzosen und Deutschen.

Das nächste Ziel: Die Eroberung des Heiligen Römischen Reiches Deutscher Nationen für den Islam. 1529 stehen die Türken vor Wien, seit 1438 Residenz-Stadt der Kaiser. Erfolglos. Vor der Basilika

Sonntagberg scheuen die Pferde und bleiben im Schlamm stecken. Die Bauern in der Kirche bestürmen im Gebet die Dreifaltigkeit um Schutz. Gleichzeitig ein strenger Winter. Der Balkan ist zwar erobert, nicht aber Wien. Jetzt expandieren die Türken in den Mittelmeerraum: 1570 steuert die islamische Flotte Zypern an. 1571 wird deren Hauptstadt Famagusta erobert, 20.000 Christen niedergemetzelt, alle Kirchen zerstört. Der venezianische Kommandant gefangengenommen und tagelang gefoltert, verstümmelt, gehäutet und ausgestopft.

Die Osmanen glauben nun, unbesiegbar zu sein. Die Flotte wird vergrößert, der Durchstoß in die Adria ist geplant. Die Türken träumen davon, ihre Fahne auf dem Petersdom in Rom zu hissen. Doch Rom wacht: Papst Pius V. († 1572) hat den Hilferuf Venedigs gehört und bereitet Europa auf den Kampf vor. Im Mai 1571 gründet er die „Heilige Liga" zusammen mit den wichtigsten Staaten im Mittelmeer. Don Juan de Austria, Halbbruder des spanischen Königs, wird Kommandant der Flotte. Obgleich Don Juan ein unehelicher Sohn Kaiser Karls V. ist, gilt er als charismatische Führerpersönlichkeit. Eine Kopie des Gnadenbildes von Guadalupe trägt er ständig bei sich. Nur wer fromm ist und betet, darf in seinem Heer dienen. In der Kathedrale von Neapel erhält Don Juan aus der Hand des Papstes das riesige Banner der Liga überreicht: Abgebildet darauf das Kreuz CHRISTI, die Apostel Petrus und Paulus sowie der lateinische Schriftzug Konstantins d. Gr. – „In hoc signo vinces"

– „In diesem Zeichen wirst du siegen". Zeitgleich startet der Papst einen Rosenkranzfeldzug. Alle Christen in Europa fordert er auf: „Betet den Rosenkranz. Bittet um den Beistand der Jungfrau und Gottesmutter Maria, auf daß sie in dieser schweren Stunde unsere Fürsprecherin sei. Betet alle!" Des weiteren führt der Papst das Angelus-Gebet an jedem Mittag um 12.00 Uhr ein. Kardinäle und Klöster werden aufgerufen, einen Tag pro Woche zu fasten. Pius V. selbst fastet drei Tage jede Woche und verbringt täglich mehrere Stunden im Gebet. Rosenkränze werden an die Soldaten und Matrosen verteilt, das Gnadenbild der Muttergottes aus der Kirche S. Maria Maggiore in den Vatikan gebracht.

Das Wunder von Lepanto geschieht 1571: Es ist Sonntag, 7. Oktober. Die christliche und osmanische Flotte treffen aufeinander in der Bucht von Lepanto. 206 Galeeren der Heiligen Liga mit 20.000 Soldaten und 40.000 Seeleuten stehen 328 türkischen Schiffen mit 34.000 Soldaten, 13.000 Seeleuten und 37.000 Ruder-Sklaven gegenüber. Über der Christenflotte die Flagge mit der Gottesmutter und dem Schriftzug „S. Maria succurre miseris" – dort das Banner des Propheten mit 28.900maligem Schriftzug „Allah". Um 9.00 Uhr feiern die Christen das heilige Meßopfer. Der Schlachtruf: „Sieg und Ewiges Leben durch JESUS CHRISTUS!", ertönt, als um 10.30 Uhr ein Kanonenschuß die Schlacht eröffnet. Die Muslime kontern mit: „Allahu akbar!" („Allah ist der Größte!"). Bis 11.00 Uhr dringen die Türken mit ihren kleinen, wendigen Galeeren in die christlichen Reihen ein. Dann plötzlich um 12.00 Uhr kommt Wind von Westen auf. Das Blatt wendet sich. Gerade zu dieser Stunde betet der Papst und die gesamte Christenheit den Angelus. Don Juan gelingt es, die türkischen Schiffe nach Osten abzudrängen. Eine Kugel trifft den osmanischen Kommandanten in den Kopf. In den nächsten 5 Stunden werden 90 türkische Schiffe versenkt. 117 Galeeren erbeutet, 12.000 Rudersklaven befreit und 30.000 osmanische Soldaten getötet. Der Nimbus der Unbesiegbarkeit der türkischen Flotte ist gebrochen. Für die christlichen Soldaten ein Wunder. Als Verantwortliche für den Sieg sehen die christlichen Sieger die Muttergottes.

Der Krieg gegen die Türken ist im tiefsten ein Ringen der göttlichen Gerechtigkeit mit der göttlichen Barmherzigkeit: Die Sünden der Christen haben die islamische Übermacht als gerechte Geisel zugelassen. GOTT aber wird durch die zahlreichen Flehgebete der Christenheit, das Fasten, die Rosenkranz-Gebete und die Fürsprache der Muttergottes zur Barmherzigkeit bewegt. So die Schau der Katharina von Cardonne in ihren Visionen. An Don Juan schreibt sie: „Wir müssen der hl. Jungfrau danken! Sie hat durch ihre mächtige Fürsprache den glänzendsten Triumph erlangt." Auch der Papst hat eine mystische Schauung: Als er am 7. Oktober nachmittags seinen Schatzmeister empfängt, hält er plötzlich inne, geht zum Fenster, lehnt sich hinaus und lauscht. Tränen in den Augen schaut er zum Himmel auf – so Msgr. Busotti de Biabiana. 10 Minuten dauert die Ekstase von Pius V., dann ein Strahlen im Gesicht und die Erklärung an den Schatzmeister: „Das ist jetzt der falsche Zeitpunkt, um über Finanzfragen zu reden. Lassen Sie uns Gott danken für den Sieg über die Türken!". Erst 19 Tage später wird der Vatikan durch einen Boten über den Seesieg der christlichen Flotte bei Lepanto unterrichtet. Der Senat von Venedig läßt im Dogenpalast ein Gemälde von der Schlacht anbringen mit den Worten: „Weder Macht noch Waffen und Führer, sondern Maria vom Rosenkranz hat uns zum Sieg verholfen."

Auch der letzte islamische Versuch, Wien zu erobern, scheitert 1683. Das christliche Abendland bleibt christlich. *SR.A.*

Herausforderung: Humanismus

Mit der Entdeckung Amerikas 1492 beginnt eine neue Epoche in der europäischen Geschichte, das Zeitalter der Entdeckungen, der naturwissenschaftlichen Forschungen, in welcher der Mensch mit seinen Fähigkeiten in den Vordergrund rückt. Humanismus, die Hinwendung zum Menschen und die Entfaltung seiner Fähigkeiten, drängen das Leben aus dem Glauben an Platz Nr. 2. Die Schriften der Antike – der Griechen und Römer – werden eingehend studiert, daher wird die Epoche zwischen dem 14.

und 16. Jahrhundert auch Renaissance - „Wiedergeburt der Antike" - genannt. Die Bewegung beginnt in den reichen Bürgerstädten Italiens und breitet sich über ganz Europa aus. Neuzeitliche Errungenschaften wie der Buchdruck mit beweglichen Lettern, große Bibliotheken, die Entdeckung des Blutkreislaufes oder des Kompasses für die Seefahrt erleichtern das Leben. Der Mensch gewinnt ein neues, eigenwillig-individualistisches Selbstbewußtsein und fängt an – so wie Martin Luther, Zwingli und Calvin – die Lehre und Tradition der Kirche in Frage zu stellen. 1517 beginnt die Reformation mit Luthers Kritik und seinen reformatorischen Schriften. Die Kirche reagiert 1521 mit Exkommunikation, Kaiser Karl V. mit dem Reichsbann auf dem Reichstag zu Worms im selben Jahr. Die Einheit der Kirche ist zerbrochen – bis heute.

Dennoch erwachsen der katholischen Kirche in dieser Zeit Glaubenshelden, die unter Lebensgefahr die katholischen Wahrheiten verteidigen. In England ist es der Kanzler von König Heinrich VIII., Thomas Morus, der zum Martyrer des Gewissens wird. Luthers Lehre hat in England wenig Anklang gefunden, aber der König selbst lehnt sich gegen Rom auf. Streitpunkt: Heinrichs VIII. Ehe mit Katharina von Aragonien, die 17 Jahre kinderlos geblieben ist. Entgegen JESU Gebot von der Unauflöslichkeit der Ehe fordert der englische König nun die Scheidung, um das Hoffräulein Anna Boleyn zu heiraten. Sakramentaler Charakter seiner Ehe hin oder her. Der König setzt seine persönlichen Interessen und Staatsinteressen über die Gebote GOTTES. Rom ist empört und antwortet mit einem klaren Nein auf das Scheidungs-Gesuch des Königs. Die Ehe war und ist gültig. In den langwierigen Verhandlungen verpflichtet Heinrich seinen Kanzler Thomas Morus zu unbedingtem Gehorsam dem König gegenüber. Morus gerät in einen Gewissenskonflikt: Papst oder König? Kirche oder Staat? CHRISTUS oder Heinrich VIII.? Eine Herausforderung für den korrekten Juristen Morus.

Inzwischen macht sich der König selbständig, verstößt seine Ehefrau und heiratet Anna Boleyn. Damit beginnt der Glaubensabfall Englands. Die Bischöfe Englands spalten sich: Bischof Fisher von Rochester bleibt dem königlichen Hof künftig fern. Andere der 48 Bischöfe denken nur daran, ihr irdisches Leben zu retten. Der Bischof Cranmer segnet sogar die neue „Ehe". England verliert die Glaubenseinheit.

Aber es liegt kein Segen über dem Alleingang des Königs. Nach drei Jahren ist er der neuen Gattin überdrüssig und läßt Anna Boleyn auf dem Schafott ermorden. „Untreue", so seine Urteilsbegründung. Noch viermal heiratet der König, seine Leidenschaft für Frauen auslebend. Inzwischen entscheidet Papst Clemens VII. zu Ungunsten des Königs mit der Exkommunikation. Da ernennt sich der König selbständig zum Oberhaupt der Kirche in England. Alle Reichsbeamten, auch Thomas Morus, müssen einen

Eid auf diese neue Staatskirche mit dem König an der Spitze schwören. Ansonsten droht der Tod.

Thomas Morus ist berühmter Rechtsanwalt in London, mit 25 Jahren wird er Abgeordneter im Unterhaus. Als Heinrich VIII. König wird, findet er Gefallen an dem hochgebildeten Mann und freundet sich persönlich mit ihm an. Die königliche Gunst macht Morus bald zum Kanzler des Reiches. Jetzt aber scheiden sich die Geister. Wiederholt versucht Heinrich, den Reichskanzler zur Zustimmung zu seiner neuen Ehe mit Anna Boleyn zu bewegen. Aber freimütig erklärt der Katholik Morus: „Die Gesetze GOTTES stehen über dem Willen der Menschen, und der Papst hat mit Recht die erste Ehe für gültig gehalten." Scheidung ist gegen den Willen GOTTES. Ebenso die neue englische Staatskirche mit dem König als geistlichem Oberhaupt. Ein Alleingang eines gekränkten Herrschers, der seine Triebe auszuleben versucht. Als Morus den König nicht überzeugen kann, reicht er seinen Rücktritt als Reichskanzler ein. Das aber bringt den König in Wut: Nicht verschwinden soll der kluge Kopf, sondern dem König dienen – auch gegen das göttliche Gesetz. Morus weigert sich. Er legt den geforderten Staatseid auf die neue Verfassung nicht ab und bezahlt mit dem Tod. Genau wie Bischof Fisher und viele andere Priester und Gläubige.

Woher nimmt Thomas Morus seine Kraft? Aus seinem lebendigen Glauben an GOTT und einer tiefen

Liebe zu CHRISTUS. Er betet viel. Trägt alle Entscheidungen, privat oder staatlich, im Gebet vor GOTT, bevor er antwortet. Er weiß, er ist zwar Jurist, aber nicht Richter der Welt. Jeder tut gut daran, sich den Geboten GOTTES zu unterwerfen, um den Frieden der Seele zu retten. Heiter, als ob nichts geschehen würde, geht er in den Tod: „Wohlan, ich bin also zum Tode verurteilt. Mit welchem Rechte, das weiß GOTT. Als ich bemerkte, die Strömung bei Hofe mache das Studium der päpstlichen Obergewalt notwendig, habe ich sieben Jahre hindurch die Frage geprüft, und ich gestehe, bisher noch bei keinem Theologen die Lehre gefunden zu haben, ein Laie könne Oberhaupt der Kirche sein." Der Weg zur Richtstätte ist mit tausenden Menschen umsäumt. Unter den Augen der ganzen Stadt besteigt Thomas Morus – ein Kreuz in der Hand – das Schafott. Er umarmt den Henker und dankt ihm für den Liebesdienst, den er ihm erweisen soll. Dann scherzt er über seinen langen Bart, der ihm im Gefängnis gewachsen ist. Er betet das Miserere - HERR, ERBARME DICH - und spricht zum Volk: „Ich sterbe als treuer Diener meines Königs, aber auch als treuer Sohn meiner Kirche. GOTT schütze England!" Dann beugt er sein Haupt, um den Todesstreich zu empfangen. *SR.A.*

Der große Diebstahl

In der Reformations-Zeit nutzen viele Fürsten die Gelegenheit, sich mit Kirchengütern zu bereichern. Der Augsburger Religionsfriede (1555) hat den Grundsatz festgelegt: „Cuius regio, eius religio", „Wessen das Territorium, dessen die Religion". Das heißt, ein protestantischer Fürst legt die Religion der Untertanen fest und darf als Protestant die Kirchen- und Klöstergüter einziehen.

1525 werden im Bauernkrieg Hunderte von Schlössern, Stiften und Klöstern zerstört. Die Bauern haben die Schrift Luthers, „Von der Freiheit der Christen" auf ihre Leibeigenschaft bezogen, von der sie sich nun befreien wollen. Der Aufstand wird aber niedergeschlagen. 100.000 Tote! Katholische Kirchen werden geplündert. Das geht unter Umständen so weit, daß Monstranzen verkauft werden, weil der Glaube an die bleibende Gegenwart CHRISTI in der Eucharistie im Protestantismus erloschen ist.

Ähnlich sind später die französischen Revolutions-Regierungen interessiert, geistliche Fürstentümer in Deutschland zu zerstören. 1803 wird nach dem Sieg der Franzosen die „Reichsdeputation" in Regensburg beschlossen: Kleine weltliche und geistliche Territorien in Deutschland sollen großen weltlich regierten Fürstentümern angegliedert werden – angebliche „Entschädigung" der großen für Verluste links des Rheins.

Unter Napoleon verliert die Kirche in Deutschland den Besitz von 4 Erzbistümern, 18 Bistümern, 80 Abteien und Stiften sowie mehr als 200 Klöster. Auch 18 kirchlich gegründete Universitäten gehen verloren. Kunstwerke, Bibliotheken und Handschriften werden verschleudert. 1806 legt der deutsche Kaiser Franz II. ohnmächtig die Krone nieder. Das Heilige Römische Reich Deutscher Nationen hat aufgehört zu bestehen. Erst 1871 wird wieder ein deutscher National-Staat gegründet: Eine konstitutionelle Monarchie mit Parlament. Seit dem Reichsdeputations-Hauptschluß versuchen die deutschen Territorial-Herren, die katholische Kirche dem Staat unterzuordnen. *PWP*

Antwort auf die Reformation

Die Kritik der Reformatoren wie Martin Luthers (1483-1546) an der katholischen Kirche zu Beginn des 16. Jahrhunderts bezieht sich auf viele Mißstände wie Simonie (Ämterkauf), Nepotismus (Vetternwirtschaft) und Säkularisierung des Klerus (Verweltlichung). Anlaß für Luthers Weg in die Öffentlichkeit 1517 ist der Mißbrauch des Ablaßhandels.

Daß es in der Kirche Mißstände gibt, ist der Kurie in Rom seit langem bekannt. Das geplante Konzil läßt auf sich warten, so daß der Mönch und Theologe Luther Eigeninitiative ergreift. Schriften wie „An den christlichen Adel" entstehen oder „Über die babylonische Gefangenschaft der Kirche" und „Von der Freiheit des Christenmenschen". Allmählich wächst ein eigenes neues Lehrgebäude, das die gesamte Tradition und Glaubensverkündigung der katholischen Kirche in Frage stellt: Die Transsubstantiations-Lehre (die wesensmäßige, dauerhafte Wandlung von Brot und Wein in den Leib und das Blut CHRISTI während des hl. Meßopfers durch den geweihten Priester) wird abgelehnt, ebenso die oberste Lehrautorität des Papstes, die Sakramenten-Lehre verkürzt, die Heiligen- und Marienverehrung angegriffen.

Das kann Papst Leo X. nicht dulden und lädt Luther schon 1518 vor. Der aber erscheint nicht in Rom, sondern ruft den Schutz seines Landesherrn Kurfürst Friedrichs von Sachsen an. Dieser stellt sich hinter den Reformator und hebt damit die Glaubens-Frage auf die politische Ebene. Der päpstliche Legat Cajetan verlangt in Augsburg, daß Luther seine Lehre widerruft. Dieser aber weigert sich. So wird Luther durch Leo X. mit der Bulle „Exurge, domine" 1520 der Bann angedroht, wenn er nicht binnen 60 Tagen widerruft. Alle 41 Lehrsetze Luthers verwirft Rom als ketzerisch. Luther aber widerruft nicht und verfaßt weitere Bücher und Schriften. Er widerruft auch nicht auf dem von Kaiser Karl V. einberufenen Reichstag in Worms 1521. Kaiser Karl V. versucht vergeblich, die Reichs- und Glaubenseinheit zu wahren. Das Ergebnis des Reichstags: Das Wormser Edikt, das über Luther die Reichsacht ausspricht, seine Bücher verbietet und der Verbrennung ausliefert. Am 3. Januar 1521 exkommuniziert Papst Leo Luther mit der Bannbulle „Decet Romanum Pontificem". Die Auseinandersetzung eskaliert in mehreren militärischen Konflikten zwischen Katholiken und Protestanten, gipfelnd im Dreißigjährigen Krieg (1618-1648). Sie endet mit einem Kompromiß auf dem status quo im Westfälischen Frieden. Die Glaubens-Einheit in Deutschland und Europa ist zerbrochen.

Wie antwortet nun die Kirche ihrerseits, um die seit langem beklagten Mißstände in ihren Reihen zu beseitigen? Ziel ist nicht eine neue Lehre, da die ewigen Wahrheiten feststehen – sondern das Bekämpfen menschlicher Schwäche innerhalb der Kirche und der Kirchenstrukturen. Hierzu wird ein Konzil in Trient einberufen (1545-1563), welches die katholische Lehre klar gegen die Lehren der Reformation abgrenzt: Der Papst als Stellvertreter CHRISTI wird bestätigt, das tridentinische Glaubensbekenntnis niedergeschrieben, die Residenzpflicht von Bischöfen festgelegt, eine geordnete Priester-Ausbildung beschlossen, die katholische Sakramenten-Lehre bestätigt, die Heiligen- und Marienverehrung im Sinne der Tradition festgehalten, Ämtermißbrauch und Vetternwirtschaft wird ein Riegel vorgeschoben. Das römische Missale (Meßbuch) wird für die ganze Kirche verbindlich. Die Kirche soll entsprechend ihrer Sendung die Seelsorge wieder in den Mittelpunkt stellen. Sie gewinnt ihr Selbstbewußsein zurück:

6 Kardinäle, 3 Patriarchen, 169 Bischöfe, 7 Äbte sind in der Abschlußfeier zugegen. Die Evangelischen aber verweigern sich.

Daneben setzt die katholische Kirche jetzt auf eine Glaubenserneuerung im Volk: Während Protestanten und Reformierte sich ganz auf die Verkündigung von GOTTES Wort konzentrieren, sucht die katholische Seite durch Seelsorge und tätige Nächstenliebe, das Feuer des CHRISTUS-Glaubens zu erneuern. Es entstehen zahlreiche neue Orden: Barmherzige Brüder und Vincentinerinnen (Krankenpflege), Ursulinen (Mädchenerziehung), Theatiner (Ausbildung des Weltklerus), Salesianerinnen (Krankenpflege, Mädchenbildung) und die Gesellschaft JESU (Societas JESU).

Gegründet von dem baskischen Adligen und Priester Ignatius von Loyola 1534, widmet sich die Societas JESU in erster Linie der Re-Katholisierung Europas. Hierzu auch das vierte Gelübde dieser Ordensleute: Treue zum Papst. Durch Seelsorge, Predigt, Unterricht wollen sie die verunsicherten Menschen in Europa wieder für den katholischen Glauben gewinnen. Sie gründen Universitäten, bauen herrliche Barockkirchen und werden Beichtväter an den katholischen Fürstenhöfen. Petrus Canisius schreibt einen Katechismus für das Volk, so daß jeder die Glaubenswahrheiten leicht verständlich nachlesen kann und sie den Kindern gelehrt werden können. Franz Xaver, SJ, beginnt die kath. Mission in Indien. *SR.A.*

Der Bilderstreit

Schon in den urchristlichen Katakomben ist JESUS als Guter Hirte dargestellt. Bilder werden seitdem verehrt, nicht aber angebetet. Anbetung gebührt allein dem alles überragenden GOTT. Die Bilder sind immer nur Hinweise auf die Person, die dahintersteht: Dieser gilt die Verehrung, da die Heiligen die Güte und Barmherzigkeit GOTTES am deutlichsten widerspiegeln und Fürsprecher für die Christen sind.

Als die Volksfrömmigkeit jedoch die Bilderverehrung übertreibt, schreitet Kaiser Leo III. von Byzanz ein. 726 läßt er alle Darstellungen von Heiligen, Märtyrern und Engeln aus den orthodoxen Kirchen entfernen. Todesstrafe für die, die sich weigern. Erst 842 verbietet Kaiserin Theodora von Byzanz die Bilderstürmerei.

Anders das siebte Konzil von Nizäa, das die Bilderverehrung in der Kirche im Westen verteidigt. Klar erklärt das Konzil: Die Anbetung richtet sich immer auf das Urbild, nie auf die Darstellung selbst. Das wäre Götzendienst.

Doch der Bilderstreit lebt in der Zeit der Reformation wieder auf, als Thomas Müntzer 1522 einen Bildersturm in Wittenberg organisiert. Mit Luther hat Müntzer nichts zu tun, sondern handelt im Alleingang. Luther lehnt sogar die Reformideen Müntzers als Schwärmereien ab.

Ähnlich radikal wie Müntzer handelt der Reformator Calvin in Genf. Er entwickelt eine eigene reformatorische Lehre – unabhängig von Luther – und läßt in Genf auch die Altäre aus den Kirchen entfernen. 1525 verbietet Calvin die katholische Meßfeier.

Die Kirche antwortet auf den Bilderstreit mit dem Konzil von Trient (1545-1563), indem sie weiterhin für die Verehrung von Bildern eintritt. *PWP*

Bahnbrecher der Nächstenliebe

Die Zeit des 30jährigen Krieges ist die Stunde der katholischen Caritas, der praktischen Nächstenliebe. 40% der Landbevölkerung Deutschlands sterben zwischen 1618 und 1648 als Folge der Religionskriege, die durch die Reformation ausgelöst werden.

Ein Beispiel für den Dienst an notleidenden Menschen ist der Franzose Vinzenz von Paul († 1668), genannt „Vater der Armen". Nach einer abenteuerlichen Jugendzeit wird er Priester und gründet nicht nur eine Gesellschaft für Missionspriester in St. Lazare, sondern auch den Orden der „Barmherzigen Schwestern" in Frankreich.

Die Schwestern-Gemeinschaft wächst schnell. Die junge Luise von Marillac liebt die Kranken – genau wie Vinzenz von Paul – und zieht viele junge Mädchen an, die sich ebenfalls in den Dienst der Spitäler und Krankenhäuser stellen wollen. Vinzenz von Paul ist Seelsorger und Schutzherr für sie. Die jungen Schwestern kümmern sich nicht nur um Kranke, sondern auch um die vielen Waisenkinder der Kriegszeit. Selbst der erbitterte Feind des Christentums, der Aufklärer Voltaire, gesteht: „Es gibt vielleicht nichts Größeres auf der Welt, als wenn das zarte Geschlecht seine Schönheit, Jugend und hohe Geburt opfert, um in den Spitälern den Ausbund des menschlichen Elends zu pflegen." Die erste Aufgabe der Schwestern des Vinzenz von Paul sollen nicht Klostergebet und Bußübungen sein, sondern tätige Liebe und Hilfe in allem Elend.

Wenig später gründet der Geistliche auch ein Haus für invalide Handwerker, gefolgt von einem Spital für Bettler, welches bis zu 5.000 Personen beherbergen kann. Es ist für die Menschen der damaligen Zeit, in der es noch keine staatlich organisierte Krankenpflege und keine Sozialversicherungen gibt, als ob das Königreich der Liebe auf die Erde herabgestiegen ist. So tragen die Schwestern des Vinzenz von Paul den Beinamen „Engel der Barmherzigkeit."

Bei Vinzenzs Tod, hat der von ihm gegründete Priester-Missions-Orden 622 Geistliche. Heute wirken die Vinzentiner-Patres in allen Teilen der Welt. Vor dem Ersten Weltkrieg sind es 40.000 Barmherzige Schwestern, die sich in ihren weißen Flügelhauben um Verwundete und Sterbende kümmern. *SR.A.*

Kirche als Anwalt des Rechts

Auch Friedrich Spee († 1635) ist ein Kind des 30jährigen Krieges. Religionskrieg, Entvölkerung, Seuchen, Armut und Elend aller Art prägen den Lebensalltag. Dazu gesellt sich der seit Mitte des 16. Jahrhunderts einsetzende Hexenwahn, dem Protestanten und Katholiken in gleicher Weise verfallen sind. Etwa 3 Mio Menschen sind durch den Hexenwahn in Europa bis etwa 1650 vor Gericht gestellt und etwa 60.000 davon hingerichtet worden. Ihnen wird nachgesagt, sie stehen im Bunde mit dem Teufel.

Für die Prozesse sind vor allem staatliche Behörden verantwortlich. Die Inquisition – die kirchliche Rechtsbehörde – wird dabei ungewollt in die Rechtsprechung hineingezogen. Zu beachten ist, daß die Zielsetzung bei den Prozessen der Inquisition nicht der Tod, sondern die Bekehrung und Wiedereingliederung der Angeklagten in die Kirche ist. Das wird deutlich, wenn Papst Alexander IV. 1260 die Anweisung gibt: Hexen sind nicht aktiv zu verfolgen, sondern Gerichtsverhandlungen sind erst auf Anzeigen hin zu beginnen; bei Zeitmangel sind Hexenprozesse zurückzustellen, denn die Bekämpfung von Häresien – Irrlehren – hat Vorrang. Papst und Kirche haben mit den peinlichen Befragungen und Folterungen während der staatlichen Hexenprozesse nichts zu tun.

Angst vor Verhexung und vor Hexen liegt in der Luft. Auf bloße Anzeige hin schreiten die Gerichte gegen die armen Angeklagten ein. Rufmord ist an der Tagesordnung. Der Hexenwahn - eine günstige Gelegenheit unliebsame Nachbarn loszuwerden. Beweise sind nicht erforderlich, sondern der praktische Hexen-Test bei dem Gerichtsverfahren genügt.

Die staatlichen Behörden sperren die Angeklagten zunächst als Verdächtige ein. Im Gefängnis leiden sie Hunger und Durst, werden zermürbt, die Folter tut ein Übriges. Das Geständnis, eine Hexe zu sein, d.h. mit dem Teufel im Bündnis zu stehen, ist unter diesen Umständen leicht zu erpressen. Nur selten werden Angeklagte von den weltlichen Gerichten freigesprochen. In vielen Fällen haben es die Fürsten als Vollstrecker der Todesurteile auf das Hab und Gut der Opfer abgesehen, das ihnen zufällt. Die Rohheit des seit vielen Jahren schwelenden Krieges tötet jedes Mitleid und jede seelische Selbstzucht.

Die Kritiker der Hexenprozesse kommen in erster Linie aus katholisch kirchlichen Kreisen: J. Brenz; J. M. Meyfart; A. Praetorius; F. Spee und J. Weyer. Selbst wenn der berüchtigte „Hexemhammer" auf einen Dominikaner zurückgeht, ist er nicht repräsentativ für die Gesamthaltung der Kirche zu der Hexenproblematik. Die entscheidende Wende hin zur Abschaffung der Hexenprozesse geht auf den Jesuiten-Pater Friedrich Spee zurück. Als Beichtvater in Paderborn muß er mehr als 200 „Hexen" auf ihrem letzten Gang begleiten. Friedrich Spee aber ist von deren Unschuld überzeugt. So schreibt er aus Liebe zu den unglücklichen Opfern seine berühmt gewordene „Cautio criminalis": „Vorsicht bei der Untersuchung von Verbrechen!" Er entlarvt die Mängel bei den unfairen Gerichtsverfahren und stellt die Unhaltbarkeit des Hexenwahns heraus. Als Priester und Beichtvater hat er genügend Erfahrung mit den Seelen der fälschlich angeklagten Christen.

Mitverbündete im Kampf gegen den Hexenwahn sind die Staats-Philosophen der Aufklärung. Die letzte Hexenverbrennung in Deutschland findet 1775 statt. *SR.A.*

Irrwege der Freimaurerei

1723 in England begründet, gibt es die Freimaurerei auch in Deutschland seit 1737. 1738 wird der spätere Friedrich d. Gr. als Kronprinz Freimaurer. Die Bewegung verbreitet sich durch ihr geheimes Zeremoniell bis hin zum 33. Freimaurer-Grad. 1904 gründen Freimaurer die „Rotarier" und die „Lions". „Bilderberger" sind Verbündete.

Wer in die Loge eintritt, verleugnet CHRISTUS als GOTT-Menschen, muß sogar als Beweis – wie behauptet wird – auf ein Kreuz spucken. Die Freimauer glauben zwar an einen „Allmächtigen Baumeister aller Welten", aber als Naturreligion, nicht als christliche Offenbarungs-Religion. Sie bekämpfen die Kirche. Denn für sie steht der Mensch im Mittelpunkt, nicht GOTT. Bei den Zusammenkünften liegt entweder die Bibel aus oder der Koran, der Talmud oder die hinduistischen Veden. Für echte Freimaurer existiert keine absolute Wahrheit. Ihnen gilt keine allgemeingültige, überzeitliche Moral.

Im Jahr 2000 existieren etwa 45.000 Freimaurer-Logen mit über 6 Mio Mitgliedern. Sie nennen sich Brüder und bilden die weltweite „Bruderkette". Wie die Christenheit sind die Freimaurer missionarisch. Der bei der monatlichen Feier aufgesetzte Hut ist Zeichen der Gleichheit.

Portugal wird 160 Jahre lang von der Loge beherrscht, als 1917 die GOTTES-Mutter dort erscheint. 111 Kirchen werden im selben Jahr geschändet, und noch 1922 zerstören Logenbrüder die erste Erscheinungs-Kapelle in Fatima. Der Kampf zwischen CHRISTUS und individualistischer Freimaurerei nimmt gewaltsame Züge an. Dann aber endet die Logen-Regierung 1932, und Portugal wird nicht in den Spanischen Bürgerkrieg mit 6000 ermordeten Priestern und Ordensleuten (1936-1939) hineingezogen. Das ist das segensreiche Ergebnis der Weihe Portugals an das „unbefleckte Herz Mariens" am 3. Dezember 1917.

Auch einzelne Kirchenmänner sind Freimaurer, so Annibale Bugnini, der „Architekt" der neuen Liturgie, die seit den 1970er Jahren die Kirche erobert.

Nie aber wird die klassische Liturgie verboten, doch gerät sie allmählich aufs Abstell-Gleis, bis sie 2007 durch das Motu Proprio von Papst Benedikt XVI. wieder hoffähig gemacht wird und aufzublühen beginnt.

Paul VI. († 1978) versetzt zwar Bugnini in den Iran, doch halten die deutschen Bischöfe in der „Königssteiner Erklärung" von 1968 an der freimaurerhaften obersten Gewissens-Entscheidung jedes Einzelnen fest, während die österreichischen und australischen Bischöfe ihre ähnlichen Erklärungen berichtigen, weil „GOTT größer als unser Herz ist" (1 Joh 3,20).

Daß katholischer Glaube und Freimaurerei ein Widerspruch sind, beweisen die Akten der Logen. So erklärt ein Kandidat vor seiner Aufnahme: „Ich habe mich völlig von der Herrschaft der katholischen Dogmen befreit." *PWP*

„Bleibet in Meiner Liebe" (Joh 15, 9)

Im Zentrum des Platzes vor der Fatima-Basilika steht eine Herz-Jesu-Statue. Die Weihe Rußlands an das unbefleckte Herz Mariens und die Herz-JESU-Verehrung gehören eng zusammen.

Das Herz beschreibt die personale Mitte eines Menschen: Jeder ist berufen, GOTT von ganzem Herzen zu lieben (Deut. 6, 4-6): „Du sollst den Herrn deinen GOTT lieben aus ganzem Herzen, mit ganzer Seele, mit all deinen Kräften – und den Nächsten wie dich selbst" – fügt JESUS hinzu. Der Prophet Jeremia verheißt den Juden einen neuen Bund zwischen JAHWE und Seinem auserwählten Volk, gegründet auf der Liebe (Jer. 31, 31-34). Basiert der Alte Bund auf der Einhaltung der Gebote, so der neue auf der Liebe im Heiligen Geist, die eine reine Pflichterfüllung überhöht.

JESUS lebt uns diese Liebe vor. Er ist „sanft und demütig von Herzen" (Mt 11, 29). Seine Botschaft an uns: GOTTES- und Nächstenliebe, Umkehr und Buße. Die mittelalterliche Mystik verehrt ausdrücklich das Herz JESU als Sitz der Liebe. Die Gebete der hl. Gertrud von Helfta († 1302) sind uns überliefert. Ebenso ihre CHRISTUS-Visionen und Gespräche mit ihrem mystischen Bräutigam in ihrem Werk „Gesandter der Göttlichen Liebe". Pater Johannes Eudes feiert 1672 die erste Liturgie zum Herz-JESU-Fest mit bischöflicher Erlaubnis. Explizit fordert JESUS von Sr. M. Alacoque in Paray-le-Monial (1673-1689) die Einführung der Heiligen Stunde zum Gedenken an Seine Leiden am Ölberg (1. Donnerstag im Monat, 23.00-24.00 Uhr) und ein Kirchenfest zur Verehrung Seines Herzens (1. Freitag nach der Oktav des Fronleichnams-Festes). Er zeigt ihr Sein Herz auf einem Flammen-Thron, mit der Dornenkrone umwunden, überragt von einem Kreuz.

Warum will JESUS, daß wir Sein Herz verehren? Die Evangelien und die Apokalypse erklären (Mt 24,12): In der Zeit vor dem Ende werden die Herzen – die Liebe – vieler erkalten. Wenn JESUS uns auffordert, Sein Herz zu verehren, will Er uns helfen, in der Liebe zu bleiben. Die „Gleichgültigkeit der Menschen" soll überwunden werden. Er verspricht dafür die „Gnade eines bußfertigen Todes".

Schicksalhaft wird es, als Ludwig XIV. die Botschaften in den Wind schlägt und Frankreich nicht dem Herzen JESU weiht. Die Warnung: Sonst werden die Feinde des Königs und der Kirche siegen. Der „Sonnenkönig" nimmt die Aufforderung nicht ernst, der Jesuitenpater weigert sich, die Botschaft weiterzugeben. Folge: der Jesuiten-Orden wird 1773 aufgelöst, 1789 bricht die Französische Revolution aus, König und Königin werden hingerichtet, die Kirche enteignet. Kurz vor seinem Tod vollzieht Ludwig XVI. die Weihe, aber zu spät.

Die Welt steht heute vor derselben Frage: Die 1917 in Fatima geforderte Weihe Rußlands an das unbefleckte Herz Mariens ist bislang nicht in der von der GOTTES-Mutter geforderten Form durch den Papst – im Einklang mit allen Bischöfen der Welt als offiziellem Akt – erfolgt. Sr. Lucia warnt 1929: „Wie der König von Frankreich werden sie bereuen, aber es wird zu spät sein…" Ermahnend auch die Worte Papst Leos XIII. 1899 bei der Welt-Weihe an das Herz Jesu: „Darauf müssen wir unsere einzige Hoffnung setzen. Von Ihm müssen wir das Heil der Menschheit erbitten und erwarten." Nicht aus eigener Kraft kann das christliche Abendland gerettet werden vor der Islamisierung, vor Atheismus und Materialismus – sondern durch Gebet und Liebe zu den Herzen JESU und Mariens.   *SR.A.*

Gefahr: Rationalismus

Daß die Welt nicht allein durch die Vernunft in den Griff zu bekommen ist, ist für den Menschen des 21. Jahrhunderts eine Binsenwahrheit. Nicht so für die Philosophen der Aufklärung im 17. und 18. Jahrhundert. Nur was für den Verstand, die Ratio, einsichtig und logisch beweisbar ist, existiert. Die von der Religion geoffenbarten Wahrheiten werden abgelehnt und nur Vernunft-Wahrheiten für gültig erklärt. GOTT wird als Schöpfer der Welt zwar anerkannt, aber aus dem Alltag weggedacht. Dieser Deismus entsteht in England. Da die Philosophen die Existenz der Seele des Menschen anerkennen, verlangen sie, daß die Menschen im Alltag nach Tugend streben.

Die Freimaurer, die die katholische Offenbarungsreligion ablehnen, schließen sich 1717 in London in einer „Loge" zusammen. Bald treten Menschen aus allen Ständen ein. So auch der Herzog Montague und andere Adlige und reiche Bürger. Sie übernehmen die Gedanken des Deismus und kämpfen für Gleichheit, Freiheit und Brüderlichkeit unter den Menschen. Der CHRISTUS-Glaube ist nicht länger die entscheidende Motivation zur Gestaltung von Staat, Gesellschaft und persönlichem Leben.

In Frankreich dringt der Geist der Freimaurerei bis in die Jesuiten-Kollegien ein. Voltaire († 1778) besucht zwar die Jesuiten-Schule, doch verschreibt er sich mit Leib und Seele dem Zeitgeist der Aufklärung. Sein Ziel: „Vernichtet den verruchten Aberglauben"! Gemeint ist der katholische Glaube. Voltaire begründet: „Es ist ärgerlich, beständig hören zu müssen, daß zwölf Männer hingereicht hätten, um das Christentum zu begründen; ich hoffe, daß ein einziger nötig ist, um es zu zerstören." Zahlreiche Bücher und Schriften verfaßt er, um eine bessere Welt – gebaut auf den Verstand – zu erschaffen. Der Kirchenhasser stirbt qualvoll: geistig umnachtet, vergebens nach einem Priester verlangend. Unausgesöhnt geht er in die Ewigkeit, wie Freunde über seinen Todeskampf berichten.

„Alles kommt und geht, die Kirche aber ist geblieben", faßt der Fuldaer Erzbischof Johannes Dyba († 2000) die Historie zusammen. Dies gilt insbesondere für die Epoche der Aufklärung, die Europa erschüttert und versucht, Glauben und Kirche zu vernichten, doch am Ende damit scheitert. Papst Pius VI. († 1799) wird der Leidensheld der Französischen Revolution, Papst Pius VII. († 1823) ihr Überwinder.

Die Französische Revolution ist 1789 ausgebrochen. Frankreich steht vor dem Staatsbankrott. Der König beruft die Generalstände (Adel, Bürger, Klerus) ein: Der Adel aber beharrt weiterhin auf seiner Steuer-Freiheit, woraufhin das Bürgertum eine eigene National-Versammlung gründet und die Gesetzgebung in einem revolutionären Akt an sich reißt. 1789 werden alle Standesprivilegien abgeschafft, die Menschenrechte verkündet, Religions- und Gewissensfreiheit ausgerufen. Die kath. Kirche wird zugunsten der Staatskasse enteignet, Kleriker werden nur noch vom Staat bezahlt. 1790 werden die Klöster geschlossen, und die Priester müssen einen Eid auf die neue Zivil-Verfassung ablegen. Jeder Eid-Verweigerer gilt als Staatsfeind und muß Frankreich verlassen. Die Mehrheit der Priester geht in den Untergrund. Weitere 40.000 katholische Priester suchen in Deutschland Asyl.

1792 übernimmt der linksradikale Jakobiner-Konvent unter Robespierre die Regierung. Terror-Herrschaft in der jetzt ausgerufenen Republik: Zehntausende Franzosen sterben unter der Guillotine (Fallbeil) als „Feinde der Republik": Adlige, Monarchisten, gemäßigte Bürgerliche, Katholiken. Unter ihnen König Ludwig XVI. und seine Frau Marie-Antoinette. 1793 wird die Notre-Dame-Kirche in Paris zum „Tempel der Vernunft" umgestaltet. In durchsichtigem weißen Gewand und roter Jakobiner-Mütze wird die Opern-Sängerin Maillard als „Göttin" auf dem Hochaltar mit Weihrauch verehrt.

Christliche Feiertage werden abgeschafft, der „Kalender der Revolution" eingeführt. Mord, Terror und Spitzelsystem ersetzen den christlichen Glauben, Moral, Sitte und Gerechtigkeit. Dann aber wird 1794 Robespierre selbst gestürzt und hingerichtet. Frankreich begehrt gegen das Terror-Regime der Linken auf. 1814 kehrt es zum Königtum zurück.

Pius VI. hilft während der Revolutionsjahre, wo er kann. Er gibt den flüchtenden Priestern Asyl im Kirchenstaat, die abtrünnigen aber enthebt er ihres Amtes. Als französische Gesandte bis in den Petersdom in Rom vordringen und der Petrusstatue zum Spott eine rote Jakobiner-Mütze aufsetzen wollen, schützt das römische Volk Statue und Papst. Das Volk ruft: „Es lebe der hl. Petrus!" und setzt dem Franzosen zu, so daß er nach wenigen Tagen stirbt. Dann aber erobern 1796 französische Truppen unter dem Feldherrn Napoleon Bonaparte die Lombardei und den Kirchenstaat. Der Papst wird zum Abtreten von Territorium gezwungen, alte Handschriften und Kunstwerke werden beschlagnahmt und nach Paris gebracht. Rom aber verbleibt dem Papst. Noch. Dann erobert General Berthier die Papststadt und erklärt Pius VI. für abgesetzt. In einem Postwagen wird der 80jährige Papst gewaltsam nach Florenz gebracht, dann wird er von Stadt zu Stadt geschleppt. Auf einer Bahre wird er über den Mont Genève getragen bis nach Valence, wo er 1799 verstirbt. Die Feinde der Kirche jubeln: „Das Papsttum ist vernichtet, mit der Kirche ist es aus!"

Doch es kommt anders. Unter dem Schutz des deutschen Kaisers treffen sich die Kardinäle in Venedig und wählen einen neuen Papst: Pius VII. Er war Benediktiner-Mönch, Abt, später Bischof und Kardinal. Jetzt Papst. Milde und gütig. Die wahre Freiheit und Brüderlichkeit, welche die Französische Revolution forderte, ist allein im Christentum zu finden – verkündet der neue Papst mutig. Im Juni 1800 zieht er in Rom ein. Gleichzeitig hat der Friede von Luneville von 1801 den Kirchenstaat wiederhergestellt. In Frankreich regiert nun Napoleon als Erster Konsul und braucht dringend Geistliche, um die verwaisten Pfarreien und Bistümer verwalten zu können. Napoleon erkennt klar: Ohne die Religion, die in der Kirche ihre feste Stütze hat, wird das Volk nicht zu lenken sein. Im stillen hofft er, das Papsttum unter seine Kontrolle zu bringen, um gemeinsam mit der Kirche seine Herrschaft zu sichern. Es kommt zum Konkordat 1801 mit Rom: In Zukunft sollen die Bischöfe in Frankreich von Napoleon eingesetzt und vom Papst bestätigt werden. Die Pfarreien sollen mit regierungstreuen Pfarrern besetzt werden. Die während der Revolution eingezogenen Kirchengüter bleiben im Besitz des Staates, aber die Priester werden nun staatlich besoldet. Zwar bleibt die Kirche dem Ersten Konsul unterworfen, aber sie existiert weiter. Die Französische Revolution ist besiegt. *SR.A.*

Der beliebteste Beichtvater der Welt

In der Schule gilt er als Dummkopf. Als Priester bringt er Tausende Seelen zu GOTT. Heute liegt er unverwest in Frankreich, der Pfarrer von Ars. Hunderttausende Pilger besuchen ihn bis kurz vor seinem Tod (4. August 1859). 73jährig stirbt er nach einem bewegten Leben, umringt von zahlreichen Verehrern. Was faszinierte die Menschen an diesem Priester?

Vor allem seine Frömmigkeit. 1789 bricht die Französische Revolution aus, doch todesmutig nimmt er als Kind an geheimen Meßfeiern teil. Am liebsten „spielt er Kirche": Seine erste Kinderpredigt lehrt die Erwachsenen, daß es Sünde ist, Tiere im Zorn zu schlagen. Bildung hat er keine, sondern hilft als Knecht auf dem Hof der Eltern. Erst nach mühsamem Kampf gewinnt der 19jährige den Segen des Vaters für ein Theologie-Studium. Lernen fällt ihm aber dort so schwer, daß er bald als Dummkopf im Seminar gilt. In Verrière ist er der mit Abstand schlechteste Student. In Lyon fordert man ihn auf, nach Hause zu gehen. Jean-Marie Vianney aber bleibt, nimmt Nachhilfestunden und „besteht" das wiederholte Examen schließlich aufgrund seiner Frömmigkeit, nicht aufgrund seiner Leistung. 1815 wird er Diakon, kurz darauf zum Priester geweiht.

Er wird ein guter Beichtvater. Er hat die Herzens-Schau und weiß die Beichtenden zu formen. Der Versuch, den ungebildeten Priester in das Nest Ars abzuschieben, endet im Gegenteil. Tausende suchen den populären Beichtvater auf. - Seine Predigten sind klar, streng und anspruchsvoll: Buße und Gottesdienst-Besuch statt Trinkgelagen, Flüchen und Zweifeln am Christentum. Gestandene Männer beginnen, im Gottesdienst zu weinen, wenn der Prediger Vergnügungssucht und Unwissenheit anprangert.

Er selbst lebt die Buße vor. Seine Matratze gibt er einem Bettler und schläft auf dem Fußboden. Die Leiden schenkt er GOTT, damit dieser die Herzen der verlotterten Franzosen im Dorf Ars zu CHRISTUS und einem gottgefälligen Leben führt. Einem Priester, der sich über die Lauheit seiner Gemeinde beklagt, hält er vor: „Du hast gepredigt? Du hast gebetet? Hast du auch gefastet, dich selbst geschlagen, auf nackten Brettern geschlafen? – Solange du das nicht getan hast, hast du kein Recht zum Klagen." - Die Liturgie ist feierlich. Im Alltag trägt er standesgemäß die schwarze Priester-Soutane, für die heilige Messe aber schafft er aus seinen schmalen Ersparnissen einen prächtigen Hochaltar an – zur Ehre GOTTES. - Der Pfarrer von Ars gründet ein Waisenhaus und eine Schule. Er sorgt sich um Seele und Geist. Die Armen bekommen Spenden, bis der Pfarrer selbst nichts mehr hat. Bald gilt er als „Heiliger".

Aber er leidet wie jeder Mensch – sogar stärker. 24 Jahre lang stiehlt ihm Satan den Schlaf: Sonderbare Phänomene berichten Außenstehende. Nachts wackeln Möbel, Gardinen werden abgerissen, Hunde heulen im Zimmer des Geistlichen. Der Pfarrer erträgt alles mit Lächeln. Auch die Verleumdungen, Anfeindungen und Absetzungsversuche seitens seiner Gegner. 1827 beginnen die Pilgerströme nach Ars. Täglich bis 400 Gläubige, Ratsuchende oder Neugierige. Auch Mönche und Nonnen und Menschen aus dem Adel. Die Beichten dauern Stunden, die Menschen warten geduldig. Drei Fluchtversuche des Priesters aus der Popularität scheitern. Seinen Todestag sagt Johannes Vianney voraus. Heute liegt sein Leichnam unverwest in der Kirche von Ars: Jeder kann dort den von der Kirche Heiliggesprochenen um Fürbitte bei GOTT anrufen. *SR.A.*

Die Barmherzigkeit GOTTES

Trotz aller Schwächen der Christenheit – auch als Folge der Erbschuld – hat die Kirche in allen Jahrhunderten einen heilsamen Einfluß auf die Rechtsprechung. Ein Priester, der nicht gütig und barmherzig gegenüber dem um Verzeihung Bittenden ist, spiegelt nicht das Wesen JESU wieder. Priester sind immer der Anwalt der Schwachen, Leidenden und Unterdrückten – vorausgesetzt, daß der Einzelne zu Buße und Umkehr bereit ist.

Jedes Zeitalter hat seine Herausforderungen. Sind es im ausgehenden Mittelalter und der beginnenden Neuzeit der Hexen-Aberglaube und die Vielzahl reformatorischer Schriften und Kriege, so ist das GOTTES-Reich auch in unseren Tagen bedroht, wenn etwa ungeborene Babys im Mutterleib zu Tausenden getötet werden, da sich die Mütter überfordert fühlen oder Druck seitens Partner und Gesellschaft auf die Schwangere gemacht wird. 50 Mio Babymorde jährlich weltweit! „Abtreibung" ist das Problem der Moderne, insbesondere seit die „Pille" in den 1960ern auf den Markt kommt. Das II. Vatikanum verurteilt dieses „verabscheuungswürdige Verbrechen" ausdrücklich, wie bereits der älteste Katechismus, die Zwölf-Apostel-Lehre von 100 n. CHR.

So zeigt sich die von GOTTES GEIST geleitete Christenheit immer wieder als Gewissen der Menschheit. Der erste christliche Kaiser Konstantin im 4. Jhd. verbietet die Tötung von Sklaven, jede Art von Mord, so auch Kreuzigung und Gladiatoren-Kämpfe, die seit jeher fest zur heidnisch-römischen Kultur gehört haben.

Lange und mühsam ist der Kampf des englischen Christen Wilberforce im 19. Jahrhundert, als er sich für die Abschaffung der Sklaverei einsetzt. In Amerika wird sie nach dem Bürgerkrieg der 1860er Jahre endgültig verboten. In islamischen Ländern wie Mauretanien wird sie heute noch praktiziert.

In allen Jahrhunderten hat die Kirche Korruption bekämpft, die heute wieder auf dem Vormarsch ist, weltweit, bis in höchste Staatsämter hinein. Auch die

Zahl unschuldiger politischer Gefangener in Gefängnissen und Arbeitslagern nimmt im 20./21. Jahrhundert wieder zu. Dann das moderne Paradox: Zahlreiche Menschenrechts-Organisationen kämpfen für soziale Gerechtigkeit, lassen aber Babymord im Mutterleib gelten. Aber auch hier wieder der mutige Kampf von christlichen Initiativen – wie der „Initiative Nie wieder!" - gegen die Tötung von Hilflosen.

Immer hat die Kirche die Wahl des „kleineren Übels" abgelehnt, z.B. in der Politik. Gottvertrauen und Vertrauen in die göttliche Vorsehung setzt sie dagegen. Sünde kann nicht durch Sünde überwunden werden. Das hieße, Satan durch Beelzebul austreiben zu wollen (Lk 11, 18). Ein konsequenter Christ kann sich, wenn sich keine wahrhaft christliche Partei zur Wahl stellt, nur der Stimme enthalten. *PWP*

Bestseller des 19. Jahrhunderts

Der Dichter Clemens Brentano ist fasziniert von Anna Katharina Emmerick – nicht nur wegen ihrer Visionen und Ekstasen. Seine Tagebuch-Aufzeichnungen werden von Tausenden gelesen.

Anna Katharina trägt die Wundmale JESU und leidet heroisch für GOTT und die Kirche. Die stigmatisierte „Nonne von Dülmen" († 1824), wie sie in dem nordrhein-westfälischen Städtchen liebevoll genannt wird, ist die Freundin des Dichter-Ehepaares Brentano. Jeden Freitag nimmt sie teil an Seinem Todeskampf mit blutendem Körper. Diese unsagbaren Leiden nimmt sie an aus Liebe zu CHRISTUS, um durch ihre Liebe den Schmerz gutzumachen, der GOTT durch jede Sünde zugefügt wird. Leiden wie damals JESUS am Kreuz. Sie weiß: Große Entscheidungen in der Geschichte der Kirche fallen nicht immer in der Öffentlichkeit und an den Kurien, sondern im geheimen, verborgenen Wirken des Gebetes, der Liebe und der Gnade.

Geboren wird Anna Katharina im westfälischen Coesfeld als fünftes von neun Kindern. Sie liebt die Einsamkeit. Schon als Kind schleicht sie sich nachts aus dem Haus – trotz körperlicher Schwäche - um 12 Kilometer barfuß in die Lamberti-Kirche zu laufen und dort heimlich den Kreuzweg zu beten. Mit 16 Jahren beginnt sie eine Lehre als Schneiderin, ist ein hübsches Mädchen, lehnt aber jeden Ehe-Bewerber ab, da sie ihr Herz bereits CHRISTUS geschenkt hat. Ihre Eltern leiden: „Warum kann sie nicht wie andere sein? Warum gehen ihr diese verrückten Kloster-Pläne nicht aus dem Kopf?" Kein Kloster der damaligen Zeit ist bereit, ein kränkliches Mädchen ohne Mitgift aufzunehmen. Ihr Vater verweigert seinen Segen: „Bei denen darfst du nur die Putzmagd spielen!"

Anna Katharina wird Wander-Näherin und – hat in der Kirche zu Coesfeld mit 21 Jahren ihre erste

CHRISTUS-Vision: „Als ich vor dem Kreuzbild betete, war mir, als wenn jemand die spitzen Dornen mit Gewalt auf meinen Kopf drückte. Das schmerzte mich so sehr, daß ich meinte, ich müsse die Besinnung verlieren." In diesem Moment empfängt sie die ersten Wundmale, die sie ständig hinter einer Kopfbinde verbirgt. Die anderen Wundmale an Händen und Füßen (Stigmata) folgen später. Endlich, im Alter von 28 Jahren, erfüllt sich ihr Wunsch: Sie wird Schwester bei den Augustinerinnen in Dülmen, wo sie 1803 ihre Gelübde ablegt.

Im Kloster muß sich ihre CHRISTUS-Liebe bewähren: Die Räume sind unbeheizt, sie wird krank und schwächelt, bricht oft bei der Arbeit in Stall und Garten zusammen, das Essen ist erbärmlich, sie leidet nach einem Unfall an Blutbrechen, Herzschmerzen und Nervenfieber. Seelisch leidet sie an ihren Mitschwestern, die sie laut ihres Arztes Dr. Wesener zur „Zielscheibe aller Launen und Ränke und damit jedes Mal zur Märtyrerin der Wahrheit machen". Sie aber schweigt und verrichtet ihre Arbeit als Sakristanin vorbildlich: „Dabei fiel Pater Limberg die peinliche Sauberkeit in der Kirche und Sakristei auf, umso mehr, als er die Sakristeischwester wie ein Skelett umherwandeln sah, so daß er kaum begriff, wie sie überhaupt leben könne." Als das Kloster im Zuge des Reichsdeputations-Hauptschlusses (1803) zusammen mit mehr als 300 Abteien und Bistümern aufgelöst wird, nimmt Abbé Lambert, der frühere Hausgeistliche, Schwester Anna Katharina Emmerick zur

Haushaltsführung zu sich. Seit 1818 wird der Dichter Clemens Brentano Zeuge ihrer Visionen und Ekstasen. Er ist fasziniert und hält alles in seinen Tagebüchern fest, die zum Bestseller des 19. Jahrhunderts werden. Der Arzt Dr. Wesener erlebt am Bett der Anna Katharina seine Bekehrung. Hatte er noch vor seinem Besuch bei ihr ausgerufen: „Wie, Sie glauben doch wohl nicht etwa daran?", so erschüttert und gläubig wird der liberale Freigeist, nachdem er die Wundmale der Nonne gesehen hat.

Anna Katharina wird im 21. Jahrhundert seliggesprochen, nicht aufgrund der Stigmata oder ihrer zukunftsweisenden Visionen, sondern aufgrund ihrer heroischen Leidensbereitschaft. Alle seelischen und körperlichen Schmerzen opfert sie liebend GOTT auf, damit dieser den Armen und Bedrängten helfe, die Sünder zur Umkehr bewege und die Kirche vor Irrlehren bewahre. Damit wird sie wie JESUS CHRISTUS Sühnopfer. Ihr Vermächtnis: Zahlreiche Bände über die zukünftige Entwicklung der katholischen Kirche – geschaut in Ekstasen – und die schlichte Botschaft an jeden einzelnen Christen: „Die wahre Religion besteht nicht allein in vielem Beten, sondern auch in der Erfüllung der Pflicht. Jeder muß die Bahn rechtschaffen durchlaufen, die ihm GOTT, der Herr, vorgestreckt hat." *SR.A.*

Vernunft oder Glaube?

Glaube und Vernunft gehören zusammen, ist die Lehre der Kirche seit jeher. Die Vernunft lenkt den Menschen auf GOTT hin. Doch je mehr Erfindungen und Entdeckungen in der Neuzeit gemacht werden, je mehr Fachwissenschaften entstehen, umso mehr sind die Menschen von sich selbst fasziniert und bilden sich mehr und mehr ein, die Welt vollends in den Griff zu bekommen, sie mit dem Verstand ordnen und alles selbst gestalten zu können. Irrtümlich denken viele, der Weisungen GOTTES nicht mehr zu bedürfen. Auch nicht der der Kirche. Die Menschheit meint, sie sei „aufgeklärt", so daß im 17./18. Jahrhundert die vom Bürgertum ausgehende Bewegung der „Aufklärung" – das „Zeitalter der Vernunft" – entsteht.

Selbstbestimmte Vernunft und Freiheit gelten als höchste Werte. Daß es im Christentum um die Freiheit geht, nicht zu sündigen, nicht Böses mit Bösem zu vergelten, verstehen die Aufklärer nicht. Freiheit wird verstanden als die Möglichkeit, das zu tun, was innerweltlich vernünftig, sinnvoll, erscheint, und was den Fähigkeiten und Anlagen des Menschen entspricht, kurz, was Spaß macht.

Ein neues Welt- und Menschenbild kommt auf. Individualismus ist schon mit der Reformation überstark geworden, z.B. in der Überbetonung privater Bibelerklärung. Jetzt rückt GOTT noch mehr in den

Hintergrund. Mit der Entstehung des Protestantismus setzt auch seine Zersplitterung ein.

Während der Aufklärung wird die menschliche Vernunft letzte Norm der Wahrheit. Eingeschlossen ist der Bruch mit CHRISTUS, der schließlich nur noch als edelster Mensch gesehen wird und als Ethik-Lehrer. Doch GOTT und die von CHRISTUS gegründete Kirche bleiben die letzte Norm der Wahrheit in ihrer über 2000jährigen Geschichte.

Acht Päpste haben im 18. Jahrhundert die Geschicke der Kirche geleitet: Als erster Klemens XI., der 1700 den Thron des hl. Petrus besteigt, und als letzter Pius VI., der 1799 stirbt. Innozenz XIII. († 1724) ist nachgiebig gegenüber den immer stärker werdenden staatskirchlichen Bestrebungen und nationalistischen Tendenzen der Fürsten. Benedikt XIII. († 1730) ist tief fromm, einfach, aber sehr gelehrt. Doch er kann sich gegen die erstarkenden Territorialfürsten nicht durchsetzen. Klemens XII. († 1740) ist bei seiner Wahl 78 Jahre alt und kränklich. Also auch keine Persönlichkeit, die der Säkularisierung der Aufklärung tatkräftig die Stirn bieten kann. Klemens XII. bemüht sich um Kunst und Wissenschaft, läßt zum Beispiel die Fassade der Lateranbasilika prachtvoll gestalten. Da er die Gefahr der aufklärerischen Freimaurer erkennt, exkommuniziert er diese neue Geistesbewegung 1738. Brutale europäische Fürstenhäuser erobern Teile des Kirchenstaats, so die Spanier Parma und Piacenza.

Der hervorragendste Papst des 18. Jahrhunderts ist Benedikt XIV. († 1758), Gelehrter, Dogmatiker, Historiker und Kirchenrechtler, dabei ein frommer Priester und kluger Seelsorger, voller Güte und Menschenfreundlichkeit. Wirtschaftlich bringt er den Kirchenstaat auf Vordermann. Gleichzeitig tritt er in Kontakt mit den bedeutendsten Gelehrten der Zeit. Er verbietet erneut die Freimaurerei. Friedrich II. aber erkennt er als König von Preußen an. Anders der Jesuitenorden: Dieser fällt bei ihm in Ungnade wegen seiner Anpassungsmethoden an die asiatische Kultur bei seiner Missionsarbeit. Schließlich hebt Klemens XIV. († 1774) den Jesuiten-Orden 1773 auf. Es wird ein Jahrhundert dauern, bis sich die Societas Jesu neu formiert. *PWP*

Darwin, Hegel, Marx und Pius IX.

Papst Pius IX. († 1878) erlebt den Untergang des Kirchenstaats: Piemontesische Truppen erobern 1870 nun das letzte noch übriggebliebene Drittel. Er wird Italien einverleibt. Erst 1929 wird der Kirchenstaat wieder auferstehen.
Die ganze Epoche Pius IX. ist von radikal anti-christlichen Strömungen gekennzeichnet. Zu dem Rationalismus, der Herrschaft der Vernunft, gesellen sich Empirismus und Positivismus. Nur noch das gilt als wahr, was sinnlich wahrnehmbar ist und logischen Gesetzmäßigkeiten unterliegt. GOTT und der

Glaube an Seine liebende Vorsehung werden immer mehr ein Tabu.

Die neue Arbeiterklasse ist oft anti-christlich, atheistisch und materialistisch eingestellt und sucht ihre soziale Not im religionslosen marxistischen Sozialismus zu lindern. Eine Weltrevolution der Arbeiterschaft soll nach der Enteignung des reichen Bürgertums soziale Gerechtigkeit schaffen, so die Hoffnung, die Karl Marx und Friedrich Engels dem Proletariat im „Kommunistische Manifest" (1848) machen.

Auch der Philosoph Hegel erschüttert die Kirche durch seine Schrift „Wissenschaft und Logik" (1816). Der Mensch findet sein Glück im Pantheismus und Dialektischen Idealismus, nicht im dreieinen GOTT. Da Hegel an der Universität Heidelberg als Professor lehrt und später in Berlin, hat er nachhaltigen Einfluß auf die neue Studentengeneration. Hinzu kommen die Evolutions-Theorie des Naturforschers Charles Darwin mit seiner „Abstammungs-Lehre" von 1842 und die Lehre Friedrich Nietzsches vom „Übermenschen" 1845. Die christliche Offenbarungs-Religion erscheint überholt.

Wie reagiert nun das Papsttum auf diese Herausforderungen? Pius IX. verurteilt im „Syllabus" (1864) all diese neuzeitlichen Ideen, die wegführen von dem Glauben an das Erlösungswerk JESU CHRISTI: Pantheismus, Deismus, Kantianismus, Kommunismus und Freimaurerei. Des weiteren verbietet Pius

IX. weltliche Ehen ohne sakramentalen Charakter sowie die Geisteshaltung des Liberalismus. Die Wiederbelebung der scholastischen Theologie soll helfen, die Gesellschaft zu re-katholisieren. 1869/1870 beruft er ein Konzil ein, das erste Vatikanum, welches die Unfehlbarkeit des Papstes festschreibt, wenn er ewige Glaubenswahrheiten „ex cathedra" lehrt. 15 Jahre zuvor hat er das Dogma der erbsündenlosen Empfängnis Mariens verkündet, um den katholischen Marien-Glauben zu festigen (Dogma der Unbefleckten Empfängnis 1854).

Unfehlbar ist der Papst nicht als Mensch und Privatperson, sondern nur wenn er in seiner Eigenschaft als oberster Hirte und Lehrer der Kirche in feierlicher Weise eine Glaubensentscheidung fällt, die für alle Gläubige der Kirche unter Strafe der Exkommunikation verpflichtend einzuhalten ist. Dabei steht der Papst unter der Leitung des HEILIGEN GEISTES. Es geht bei dem Dogma nicht um die Erhöhung der Person des Papstes, sondern das Anerkennen menschlicher Schwachheit und Irrtumsfähigkeit der Menschen, denen der Papst – geleitet vom HEILIGEN GEIST – in der Kraft JESU CHRISTI den Weg weist. Das Dogma bleibt gültig, wenn auch immer wieder angegriffen und bekämpft. *SR.A.*

Festhalten an der Wahrheit

Seit dem „Kultur-Kampf" in Deutschland ist klar: Liberalismus und katholischer Glaube widersprechen sich. Im Jahr 1871 beginnt der Realpolitiker Otto von Bismarck als neuer Reichskanzler mit den Nationalliberalen zusammenzuarbeiten: Staatliche Priesterausbildung für katholische Geistliche, Schließung der Orden, Zivil-Ehe sind die Eckpfeiler für ein Deutschland, in dem Kirche und Staat getrennt sein sollen. Die Bindung der Katholiken an Rom ist als „Ultramontanismus" verschrien. 1878 aber muß der Kanzler einlenken, da sich die Deutschen in den Reichstagswahlen trotz allem nicht vom politischen Katholizismus und schon gar nicht von der katholischen Frömmigkeit abwenden wollen. Allein die standesamtliche Ehe bleibt bis heute erhalten. Während die Liberalen die vollkommene Freiheit des Individuums im Sinne der Französischen Revolution fordern, erklärt die Kirche das Dogma von Maria als der „Unbefleckten Empfängnis" (1854) und die „Unfehlbarkeit des Papstes, wenn er ex cathedra spricht" im Ersten Vatikanischen Konzil (1869/1870).

Zu Beginn des 20. Jahrhunderts dann der große Papst Pius X., der die katholischen Wahrheiten als Kampfansage gegen den modernen Zeitgeist noch einmal zusammenfaßt und formuliert. Von allen Priestern verlangt er einen „Anti-Modernismus-Eid", damit die 2000jährigen Glaubenswahrheiten weiterhin ungekürzt verkündet werden. Pius X. stirbt am

Vorabend des Ersten Weltkriegs (1914) - an gebrochenem Herzen, als er den Ersten Weltkrieg heraufziehen sieht. Seine Kirchen-Reform aber bleibt bis heute lebendig.

Geboren als ältestes von 10 Kindern, wächst Sarto, der spätere Papst Pius X., in Armut auf. CHRISTUS liebt er schon als Kind, und früh ist ihm klar, daß er Priester werden will. Kometenhaft, aber lautlos seine Laufbahn: Kaplan, Priester, Bischof, Kardinal, Papst. Seine Frömmigkeit ist tief, sein Wesen sanft aber stark und fest in GOTT verwurzelt. „Omnia instaurare in CHRISTO" – „Alles in CHRISTUS erneuern – ist sein Programm in seinem 11jährigen Pontifikat (1903-1914). Gegen den Modernismus soll die Kirche das Bollwerk für GOTT bleiben. Alle kath. Priester werden aufgefordert, den Anti-Modernismus-Eid abzulegen. Der gregorianische Choralgesang wird wiederbelebt: Denn dieser bringt das Lob GOTTES in würdiger Weise zum Ausdruck, ist „heilige Musik". Schon Kinder sollen die Kommunion empfangen dürfen, damit sie früh eine CHRISTUS-Beziehung entwickeln. Die Familien werden aufgerufen, die Herz-JESU-Verehrung in den Mittelpunkt ihres Glaubens-Lebens zu stellen. 1909 gründet Pius X. das päpstliche Bibel-Institut, reformiert das Brevier und die Seminare, um gute Priester auszubilden. Privat ist er selbstlos und innerlich ganz GOTT hingegeben. Eines Nachts in Mailand greift die Polizei einen einfachen Mann auf der Straße auf, der eine Matratze schleppt. Wohl ein Dieb! Aber es ist Kardinal Sarto, der spätere Papst, der seine eigene Matratze verschenkt, um einem Bettler zu helfen. Das Herz Pius X. ist das eines Seelsorgers. Im Gebet sieht er die Greuel des Ersten Weltkriegs voraus. Zuviel für den Heiligen. GOTT ruft ihn am 3. September 1914 heim zu sich: Dem „Restaurator in CHRISTUS" bleibt der Krieg erspart. *SR.A.*

Religion – „Opium für das Volk"?

Das 19. Jahrhundert ist gekennzeichnet durch die Industrialisierung. Maschinen werden erfunden und ersetzen immer mehr die menschliche Arbeitskraft. Fabriken entstehen zuerst in England, dann auch in Deutschland, 1832 fährt die erste Eisenbahn zwischen Nürnberg und Fürth. In den 1870er Jahren blüht die Elektro-Industrie im Deutschen Reich, das inzwischen ein Parlament besitzt, das zusammen mit Kaiser Wilhelm I. regiert. Otto von Bismarck ist Reichskanzler und prägt Innen- und Außenpolitik. Die Arbeiterklasse entsteht in den expandierenden Städten. Aufgrund langer Arbeitszeiten und niedriger Löhne entsteht eine Massenverarmung – das Industrieproletariat. Die „Soziale Frage" steht auf der Tagesordnung der Politik. Das Überangebot an Arbeitskräften – ehemalige Bauern, die in die Städte ziehen – macht die bürgerlichen Arbeitgeber und Fabrikbesitzer zu kleinen Wirtschaftskönigen.

Um die Not der Arbeiter zu beseitigen, schreibt der Trierer Rechtsgelehrte Karl Marx 1848 „Das Kapital" und ruft zur proletarischen Revolution auf: Arbeiter vereinigt euch! Stürzt die Machthaber! Enteignet sie, und verstaatlicht die Betriebe! Dann, in einer klassenlosen Gesellschaft, wird soziale Gerechtigkeit herrschen! Religion ist Opium für das Volk. Helft euch selbst! Das ist auch eine Kampfansage an die Kirche.

Zur selben Zeit kämpft Adolf Koping aus Kerpen für verwahrloste Jugendliche. Bietet praktische Hilfe, indem er als Priester „Gesellenvereine" gründet. Sie kümmern sich um Obdach und die Seele. Bei seinem Tod 1865 gibt es 400 Einzelvereine in ganz Deutschland. Heimatlose Handwerksburschen finden ein Zuhause und die Stärkung im katholischen Glauben.

Auch Bischof von Ketteler († 1877), dessen Grab noch heute im Mainzer Dom von Besuchern mit Blumen geschmückt ist, wird zum Vorkämpfer für die Not des Industrievolkes. 1844 wird er Kaplan in Beckum und zum Vertrauten der Arbeiterschaft. Er wird zum Abgeordneten in der Frankfurter Nationalversammlung gewählt, hält flammende Predigten bei der Generalversammlung der Piusvereine im Mainzer Dom, und wird 1850 dort zum Bischof geweiht. Als Bischof entreißt er zuerst die Geistlichen der Staatsaufsicht und unterstellt die Priesterausbildung dem Bistum. Dann veröffentlicht er ein soziales Programm für die Arbeiterschaft: Hier fordert er gerechte Löhne, Verkürzung der Arbeitszeit, Sonntagsruhe, Verbot der Frauen- und Kinderarbeit, staatliche Überwachung der Fabriken, Kranken- und Invalidenversicherung, Fabrikhygiene und Hinterbliebenenfürsorge. Der streitbare Bischof spricht das aus, was zu dieser Zeit unpopulär ist. Ketteler wird zum Sprachrohr der Interessen der Schwächsten der Gesellschaft. Später wird Papst Leo XIII. seine Sozial-Enzyklika von 1891 an den Forderungen Kettelers ausrichten. Katholischer Glaube und soziale Gerechtigkeit gehören eng zusammen. Auf protestantischer Seite wird es Pastor Bodelschwingh 1890 sein, der die Bethel-Einrichtungen gründet. *SR.A.*

Friedens-Papst mit Gegenwind

1917 richtet Benedikt XV. einen glühenden Friedensappell an alle kriegsführenden Mächte: Giftgas-Einsatz in Ypern, Flandernschlacht und Stellungskrieg toben derzeit an der West-Front. „Soll die zivilisierte Welt nur noch ein Leichenfeld sein?" fragt der Papst in seiner Friedensnote. Stoppt den „allgemeinen Wahnsinn", der das „ruhmreiche und blühende Europa" vernichten wird! Benedikt XV. ist unparteiisch, aber der innere und äußere Frieden muß wiederhergestellt werden.

1914 hat der Erste Weltkrieg begonnen, als der neue Papst den Stuhl Petri einnimmt. Bis 1917 hat sich der europäische Krieg zum Weltkrieg ausgeweitet. Mehrere Friedens-Appelle Benedikts treffen auf taube Ohren. In der offiziellen Note vom 1. August 1917 macht er jetzt konkrete Friedens-Vorschläge: Wiederherstellung der Vorkriegswelt durch Rückgabe aller besetzten Gebiete, Räumung Belgiens durch die Deutschen, Rückgabe der deutschen Kolonien, Verzicht auf Reparationen, ein internationales Schiedsgericht für die Elsaß-Lothringen-Frage.

Aber die Friedens-Initiative bleibt ungehört: „Sieg-Frieden!" ist das Ziel aller Kriegsparteien. Ein Fiasko: Kaum ein Land schickt ein Antwortschreiben zum Vatikan. Deutschland beteuert seine „Friedensbereitschaft", schlägt aber keine konkreten Schritte vor. Damit ist der Papst als Friedens-Vermittler gescheitert, von jedem der beiden Machtblöcke diffamiert als der „Papst der Gegner", dem ein Komplott mit dem Feind unterstellt wird. Die deutsche Oberste Heeresleitung unter Ludendorff spricht abfällig vom „Franzosen-Papst", die deutsche Bischofskonferenz warnt im Hirtenbrief vom 1. November 1917 vor einem Friedensschluß, denn dieser sei „ein Judaslohn für den Treubruch und Verrat am Kaiser." Der Erste Weltkrieg endet ohne die Beteiligung von päpstlichen Gesandten zu den Friedensverhandlungen in Versailles (1919). Benedikt XV. stirbt 1922 als tragischer Friedenspapst: ungehört, aber langfristig weichenstellend für seine Nachfolger im Papst-Amt. Abrüstung und Ächtung des Krieges sind ständiger Appell an die Welt-Mächte, formuliert von jedem der

Päpste des 20. Jahrhunderts. Benedikt XVI. (2005-2013) wählt seinen Namen, um an die Friedens-Gesinnung seines Vorgängers im Ersten Weltkrieg zu erinnern. GOTTES-Frieden der Seelen und äußerer Frieden in den Ländern dieser Welt gehören zusammen: Dafür steht auch die lange Reihe des Stellvertreter CHRISTI seit dem ersten von JESUS eingesetzten Papst Simon Petrus. *SR.A.*

Glaube und Globalisierung

Die USA sind im 20./21. Jahrhundert durch den Bevölkerungs-Druck aus Lateinamerika vor eine Belastungsprobe gestellt. Ähnlich Europa durch die Flucht von Afrikanern über das Mittelmeer.

Ungeachtet des Vertrauens-Verlustes des Politiker bei vielen der national-gesinnten Deutschen, halten die Bischöfe am Liebesgebot CHRISTI fest. Es gilt, die hilflosen Bürgerkriegs-Flüchtlinge aus dem Nahen Osten und Afrika zu schützen. Darf aber die Einführung des islamischen Glaubens und die damit verbundene fremde Kultur geduldet werden?

Afrika wächst jährlich um 30 Mio Menschen und hat viele zerrüttete oder korrupte Regierungen. Die Mehrzahl der Länder sind islamische Diktaturen. Unter den nach Europa Flüchtenden sind jedoch auch viele Schein-Asylanten. Gegen diese und gegen eine Zerstörung der christlichen Kultur durch den Islam wehren sich gegenwärtig immer mehr Bürger. Dies wird im Stimmenzuwachs der AfD im Bundestagswahlkampf von 2017 deutlich. Es wehren sich sowohl Wohlstands-Bürger, um ihren Besitz, ihre Kultur, ihre Sprache und ihre Nation zu wahren, aber auch Christen, die um den Glauben ihrer Kinder fürchten.

In dieser Lage ist die Missionskraft der Christenheit zu erneuern, ebenso die Fähigkeit, zu teilen. Allah ist nicht GOTT – muß vielen in Europa wieder klarwerden. CHRISTUS verkündet eine andere Glaubens-Wahrheit als der Koran. CHRISTUS aber ist Dreh- und Angelpunkt des Christentums. Mit nur noch etwa 20% praktizierender Christen ist Deutschland 2018 selbst zum Missionsland geworden, das neu-evangelisiert werden muß, damit es dem Ansturm des Islam gewachsen ist. Im Zeitalter der Globalisierung muß jeder Christ begreifen, daß sein Land keine Insel ist.

Viele haben erst wieder tiefer zu verstehen, daß die Kirche – daß CHRISTUS – sinnstiftend ist. Dies verleiht einen unzerstörbaren Kranz. Eine orientierungslose Jugend verlangt nach Werten und Vorbildern, nach Hirten, die sie zu CHRISTUS führen. Wer in Materialismus, Diesseits-Orientierung und Negativem verharrt, ist im Tod. Sinnerfüllung und inneres Glück und Zufriedenheit erlangt der Einzelne allein durch den Glauben an den barmherzigen

Christen-GOTT. Alle anderen Systeme und Gemeinschaften auf dieser Erde bieten nur vergängliche Sinnstiftungen an – der CHRISTUS-Glaube aber zeigt durch das JA auch zu Kreuz und Leid, daß Liebe stärker ist als der Tod.

Der Mensch des 20./21. Jahrhunderts aber verlangt nichts stärker als die Sinnsuche. Sie ist unauslöschlich in jedem Menschenleben, auch wenn jemand sich Atheist nennt. Das Sinn-Angebot macht die Kirche unbesiegbar. JESUS selbst verbürgt sich für diese Wahrheit (Mt 16, 18-19). Ebenso die 2000jährige Kirchengeschichte. *PWP*

Die Aufwertung der Frau im Christentum

Anders als im Islam und den Hochkulturen der Antike dient die christliche Frau nicht allein der Zeugung von Kindern und zur Haushaltsführung. Der christliche Ehemann ist zur Partnerschaft herausgefordert. CHRISTUS ist das Bindeglied der Eheleute. Seit 1918 hat die Frau Wahlrecht in Deutschland und Österreich, darf studieren und jeden Beruf ergreifen.

Die Ehebrecherin wird von JESUS vor der Steinigung bewahrt, Maria Magdalena vor der Prostitution, Seine Mutter Maria ist ständig in Seiner Begleitung in der Öffentlichkeit – bis hin zur Kreuzigung.

Drei Frauen erscheint der Auferstandene mit verklärtem Leib zuerst. Und vor allem: JESUS lehrt die jüdischen Männer, ihre Frauen so zu lieben, wie Er selbst die Kirche liebt. „Wer eine andere Frau nur lüstern anschaut, hat die Ehe im Herzen schon gebrochen" (Mt 5, 28), denn die Ehe ist unauflöslich, ein heiliges Geheimnis, begründet in GOTT. Er rügt die Hartherzigkeit der jüdischen Männerwelt. Allerdings wird auch der vermeintlichen Ehebrecherin von JESUS ans Herz gelegt, nicht mehr zu sündigen. Also eine Balance zwischen männlicher und weiblicher Verantwortung für das Gelingen einer Ehe.

Durch die Geburt des GOTT-Menschen durch eine Frau, Sein Aufwachsen in einer Familie unter dem Pflegevater Josef und die gemeinsame Arbeit als Zimmermänner bis zum Tod Josefs und dem öffentlichen Auftreten JESU im Alter von 30 Jahren wird uns eine heilige Familie vor Augen gestellt. Sie ist durch ihre Liebe, GOTT-Ergebenheit, Frömmigkeit, Friedfertigkeit und gegenseitigen Respekt das Modell für alle christlichen Familien. Geduld, Versöhnungsbereitschaft, Barmherzigkeit müssen beide Ehepartner jeden Tag neu einüben. Das erfordert Demut und Liebe. Ganz anders die orientalisch-islamische Auffassung: Die Frau habe dem Mann bedingungslos zu gehorchen und ständig zu Willen zu sein. Nein, der christliche Mann hat sich an der Haltung JESU zu orientieren und trägt als Haupt der Familie eine hohe Verantwortung, Achtung, GOTTES-Furcht und Barmherzigkeit zu leben.

Neben der Rolle als Frau und Mutter in einer Familie eröffnet sich der christlichen Frau die Außenwelt in zweierlei Perspektive: Zum einen durch die Möglichkeit, „um des Himmelreiches willen ehelos zu sein" (Mt 19, 12), für den, „der es fassen kann", und zum anderen als alleinstehende, fromme Frau in der Welt einen Beruf auszuüben, wie es seit der Weimarer Republik möglich ist. Alle diese Modelle stehen gleichwertig nebeneinander – die einzelne Frau muß in Gebet und Selbsterkenntnis den Willen GOTTES tastend erfragen, wozu sie berufen ist.

Daß der Ordensstand mit den Gelübden der Armut, der Keuschheit und des Gehorsams eine freudige Erfüllung geben kann, beweisen die zahlreichen heiligen Frauen im Laufe der Geschichte: Eine Katharina von Siena, Agnes, Barbara, Scholastika als gottgeweihte Jungfrauen schlagen attraktive Ehemänner aus den höchsten Gesellschafts-Schichten aus, um in Armut und Gebet allein JESUS CHRISTUS als ihren mystisch angetrauten Bräutigam zu lieben. Die Jungfrauen der Antike sterben als liebende Martyrerinnen, getötet durch die Römer in den Christenverfolgungen (60 bis 315 n. CHR.). Katharina von Siena († 1380) verhandelt mit Päpsten und Fürsten während der Zeit des Schismas, als einer der Päpste in Avignon, Frankreich, residiert. Es gelingt ihr, diesen zurück nach Rom zu holen. *SR.A.*

Patronin Europas: Edith Stein

Die moderne intellektuelle Frau ist wohl am besten in Edith Stein († 1942) verkörpert. Geboren als Jüdin in Breslau, wird sie mit 14 Jahren bekennende Atheistin, studiert und promoviert, wird Universitäts-Assistentin und Gymnasial-Lehrerin und vor allem GOTT-Sucherin. Als sie in Bad Bergzabern die Bücher der Teresa von Avila liest, erkennt sie über Nacht, daß das Christentum die wahre Religion ist, läßt sich taufen und verfaßt eine Vielzahl von wissenschaftlich-theologischen Büchern. Sie findet eine Anstellung als Gymnasiallehrerin bei den Schulschwestern vom Hl. Dominikus in Speyer und lebt bei ihnen, bis sie selbst nach ihrer Taufe und Konversion in den Kölner Karmel eintritt (1933), wird aber 1942 aufgrund ihrer jüdischen Geburt in Auschwitz vom NS-Regime ermordet. Heute sind ihre Schriften Bestandteil jedes Universitäts-Studiums. Sie selbst wird 1998 heiliggesprochen und heute als Patronin Europas verehrt.

Einzelne Bischöfe schweigen in den 1930er und 1940er Jahren ebensowenig zur Juden-Vernichtung durch die Nazis wie Pius XII. Die Antwort des NS-Staates auf das Hirtenwort „Mit brennender Sorge" von 1937 ist eine Verhaftungswelle. Juden und auch getaufte Juden wie Edith Stein in Holland sind im Visier des Staates (1942). Eine der Getauften ist Edith Stein, Sr. Teresia Benedicta à Cruce, Karmelitin. 987 Menschen werden in verschlossenen Eisenbahnwaggons quer durch Deutschland transportiert. Ziel ist das Vernichtungs-Lager Auschwitz. Dort werden 464 von ihnen als Häftlinge zu Zwangsarbeit verurteilt, 523 sofort getötet. Tod durch Vergasung (9. August 1942). Schwester Ediths letzter Gruß gilt der Diözese Speyer, in der sie zum katholischen Glauben konvertiert hat. Schifferstadt, zwei Tage vor ihrem Tod: Als der Zug kurze Zeit hält und sie an den Gleisen einen ihr bekannten Pfarrer entdeckt, läßt sie einen Zettel aus dem Waggon fallen und bittet, die Schwestern von St. Magdalena zu grüßen. Dort hat sie als Lehrerin 1923-1931 gearbeitet. Die Botschaft der großen GOTT-Sucherin: „Wer die Wahrheit sucht, der sucht GOTT, ob ihm das bewußt ist oder nicht."

Leid kennt Sr. Benedicta vom Kreuz seit ihrer Jugend. Im Ersten Weltkrieg fällt ihr Studienfreund als Soldat: Hochgebildet, jung verheiratet wird er ein Opfer des Krieges. Tief bewegt wird sie in dieser Situation von der Ehefrau des Verstorbenen: Das Kreuz JESU CHRISTI gibt der jungen Witwe die Kraft, den Tod ihres Mannes in Ruhe und Würde tapfer zu tragen. „Es war der Augenblick, in dem CHRISTUS aufstrahlte: CHRISTUS im Geheimnis des Kreuzes!", hält Edith Stein in ihren Aufzeichnungen fest. Später wählt sie bewußt den Beinamen „vom Kreuz" in ihrer Ordens-Profeß. Das Wort JESU klingt auch in Auschwitz bei ihrem Tod nach: „Kommt alle zu mir, die ihr mühselig und beladen seid. ICH will euch Ruhe verschaffen." (Mt 11, 28). Die Stimmen der Nationalsozialisten aber rufen: „Ans Kreuz mit ihr!" wie beim Tode des GOTT-Menschen. Fest weiß sich Edith Stein in der Vorsehung GOTTES geborgen. Sie hat gelernt, das Kreuz in ihrem Leben zu lieben. 1987 wird sie selig gesprochen und 1998 heilig.

Wie kann ein Mann solchen begnadeten Frauen begegnen? Sicherlich ist einer Herabwürdigung der Frau zu einem willenlosen Lustobjekt des Mannes – beispielsweise im fundamentalistischen Islam – entschieden entgegenzutreten. Der christliche Mann ist daher angehalten, jeder Frau Respekt und Achtung entgegenzubringen. Notfalls demütig zu schweigen, sollte er das große GOTTES-Geheimnis der Jungfrauenschaft um des Himmelreiches willen nicht begreifen. *SR.A.*

Rechtschaffenheit vor GOTT

„Er hat mich nie im Stich gelassen!" So die Erfahrung aller Christen, die den heiligen Joseph in Arbeits- und Geldangelegenheiten um Hilfe anrufen. Gedenktag ist der 19. März. Zusätzlich erhebt Pius XII. (1956) den 1. Mai zum Festtag „Joseph, der Arbeiter". Dadurch wird der auf das Dritte Reich zurückgehende „Tag der Arbeit" christlich geprägt.

Josef wird auch „der schweigende Heilige" genannt. Die Bibel überliefert kein einziges Wort aus dem

Mund des heiligen Joseph. Der Mann des Schweigens ist durch seine enge GOTT-Verbundenheit in der Stille des Herzens und durch seine geradlinige Pflichterfüllung in seinem Beruf als Zimmermann und treusorgender Familienvater heilig geworden. „Schweigender Gehorsam" - ist seine Botschaft an jeden Berufstätigen und Vater. Stille ist die Voraussetzung, die Stimme GOTTES zu hören: So hört Joseph im Traum einen Engel zu ihm sprechen und ihn vor der Verfolgung durch König Herodes warnen, der alle Neugeborenen in Bethlehem ermorden läßt. Angst hat der weltliche König vor dem angekündigten „Messias der Juden". Joseph nimmt die Warnung ernst und bringt das JESUS-Kind und seine Mutter Maria in Ägypten in Sicherheit, bis die Verfolgungs-Welle vorüber ist. Auch die Ehe mit Maria ist Frucht seines inneren Gebets: Er weiß nicht, daß der Engel Gabriel seiner Verlobten die Überschattung mit dem HEILIGEN GEIST angekündigt hat, durch die Maria schwanger wird und zur Mutter des GOTT-Menschen. Als er die Schwangere sieht, will er sie heimlich verlassen, da er einen Seitensprung seiner Verlobten darin erblickt. Doch hört er im Traum einen Engel, der ihm erklärt: Das Kind ist von GOTT, ist heilig, und er solle es zusammen mit seiner Verlobten annehmen. Joseph gehorcht. Die heilige Familie ist geboren, in welcher JESUS seine Kindheit und Jugend verlebt.

Seine zweite Eigenschaft: Joseph ist gerecht (Mt 1, 9), ist gottergeben, herzensrein und gut. JESUS erlebt in ihm während seiner Kinderjahre Güte, notwendige Strenge, Milde, aber auch den Halt des starken Vaters, den jedes Kind zur gesunden Entwicklung braucht. Gleichzeitig ist er bescheiden, denn immer weiß sich Joseph nur als der „Pflegevater" des GOTT-Menschen. Da JESUS GOTT und Mensch ist, ist der eigentliche Vater JESU der allmächtige JAHWE des Alten Testaments. Erst als Joseph stirbt, verläßt JESUS im Alter von 30 Jahren die Zimmermanns-Werkstatt in Nazareth, um Seiner Sendung als Wanderprediger und Erlöser der Menschheit am Kreuz nachzugehen. Unter dem Kreuz steht nur noch Seine Mutter Maria, die der sterbende GOTT-Mensch liebevoll Seinem Jünger Johannes anvertraut: „Siehe da, deine Mutter! – Siehe da, dein Sohn!" (Joh 19, 26).

In den Kirchen wird der heilige Joseph immer dargestellt mit den drei Charakteristika: Das JESUS-Kind im Arm als Ausdruck seiner Vaterliebe, mit einer weißen Lilie als Zeichen seiner Reinheit und GOTT-Verbundenheit und mit Zimmermanns-Werkzeugen als vorbildlicher Arbeiter. 1479 führt der Franziskaner-Papst Sixtus IV. sein Fest in der Kirche ein, 1621 wird der Josephstag ein gebotener Feiertag, 1729 kommt sein Name in die Allerheiligen-Litanei.

SR.A.

Die Unzerstörbarkeit der Kirche

Kirche – das ist letztendlich jeder einzelne Christ – der, vom HEILIGEN GEIST erfüllt, in der Nachfolge JESU lebt. Auch wenn die Institution Kirche mit ihrer Hierarchie geprüft wird durch feindliche Ideologien und Lehrmeinungen, so hat JESUS Seiner Braut, der Kirche, versprochen, bei ihr zu bleiben und sie zu erhalten – auch wenn sie in schweren Zeiten in ihrer Substanz zu erliegen droht.

Daß die Kirche bisher überlebt hat, ist die erstaunlichste Tatsache im Weltgeschehen – nach der Menschwerdung GOTTES, nach Seinem Kreuzestod und der Auferstehung JESU von den Toten. Zahlreiche Weltreiche sind zerfallen: Das Babylonische Reich, das Ägyptische, das Römische, die griechischen Stadtstaaten, das Heilige Römische Reich Deutscher Nationen mit einem Kaiser an der Spitze, der Staat Napoleons, das Kommunistische Rußland im 20. Jahrhundert – um nur einige zu nennen. Stalin hat nicht umsonst gefragt: „Wie viele Divisionen hat der Papst?"

Glaube, Hoffnung und Liebe erhalten die Kirche durch die Jahrhunderte. Sie sind in die Herzen der Christen geschrieben. Dazu kommt die Stärkung der Christen in der heiligen Kommunion und den anderen Sakramenten, in denen durch den Priester CHRISTUS selber wirkt. Letztendlich ist es die übernatürliche, göttliche Kraft, die der Kirche Bestand verleiht – der Wille GOTTES.

Auch Zeiten mit den lasterhaften Renaissance-Päpsten überlebt die Kirche. Liebe ist stärker als Haß. Feindesliebe kennt nur JESUS, keine andere Religion. Demut und Geduld sind die Tugenden, die den Einzelnen vor dem Glaubens-Abfall bewahren. Der Rosenkranz ist das Hilfsmittel der GOTTES-Mutter, um in Glaube, Hoffnung und Liebe auch schwere Zeiten zu bestehen. Ruhe finden wir nur am Herzen JESU.

Die Unzerstörbarkeit der Kirche wird zwar von Gegnern geleugnet und bekämpft, doch erfolglos. So wird sie auch die Endzeit bis zur Wiederkunft JESU liebend und betend bestehen. Die Christen haben der Welt ihren Stempel aufgedrückt: Oft in aller Stille praktizieren sie Liebe, Güte und Barmherzigkeit, ohne daß die Öffentlichkeit es merkt, ohne Schlagzeilen, an Krankenbetten und in Elendsvierteln. Ausgestoßene und gesellschaftlich Mißachtete finden Heimat bei JESUS, denn: „Auch wenn Vater und Mutter dich verlassen, ICH verlasse dich nicht!" (Ps 27,1). *PWP*

Ein Bischof geht voran

Kaum hat Rom mit Hitler das schon lange vorbereitete Reichskonkordat im Juli 1933 geschlossen, da stellt sich heraus: Statt ungestörter Religionsausübung und staatlich tolerierter Volksfrömmigkeit will der NS-Staat die Kirche vor seinen Karren spannen. Katholische Presse und Vereinigungen werden unterdrückt und mit NS-Organisationen „gleichgeschaltet". Von 1937 an dürfen Geistliche nicht mehr in Volks- und Berufsschulen unterrichten. 1939 werden katholische Volksschulen ganz aufgehoben. Verfolgungen setzen ein. 306 Klöster werden in Deutschland geschlossen, 4.000 Priester hingerichtet. Im KZ Dachau bei München gibt es extra einen Priester-Block. Wie sie sterben zahlreiche Gläubige, die sich weigern, die NS-Ideologie anzuerkennen und Hitler bedingungslos in seinen Welt-Eroberungs-Plänen zu folgen.

Geschlossenen Widerstand der Bischöfe gibt es nicht. Es sind Einzelne, die mutig ihre Stimme erheben und die Rassenideologie Hitlers kritisieren und fordern, der Euthanasie ein Ende zu bereiten. Papst Pius XI. schreibt diesbezüglich 1937 die Enzyklika „Mit brennender Sorge" an die deutschen Bischöfe. Den neuheidnischen NS-Ideen setzt er den katholischen Glauben entgegen und erinnert an die Heiligkeit gegebener Versprechen. Vier Tage nach dieser Enzyklika warnt Pius XI. alle Bischöfe weltweit auch vor dem Kommunismus in Rußland, Spanien und Mexiko, der ein Paradies auf Erden schaffen will, aber Tausende von Christen blutig verfolgt. Die päpstliche Antwort schon zuvor: Die Einführung des Christ-Königs-Festes 1925. CHRISTUS gebührt die Ehre, nicht weltlichen Diktatoren.

Unter Todesgefahr weist der Bischof von Münster, Graf von Galen, das NS-Regime zurück: Die erbarmungslose Ermordung von Geisteskranken und unschuldig Verfolgter muß aufhören!

Trotz Drohungen kritisiert Clemens August von Galen († 1946) – seit 1933 Bischof von Münster – in seinen Predigten den Haß Hitlers auf alle Nicht-Arier: Die Massenmorde an Behinderten, psychisch und geistig Kranken müssen sofort beendet werden. Die widerrechtlich beschlagnahmten Einrichtungen der katholischen Kirche sind zurückzugeben. Kern des Widerstands des Bischofs von Münster ist der Glaube an die lebensbejahende Botschaft JESU CHRISTI. Nicht wie das Bundesverwaltungs-Gericht Leipzig im Jahr 2017, das Leidende und Schwerst-Kranke zum Selbstmord motiviert, indem es in „Grenzfällen" tödliche „Medikamente" freigibt. Der „Löwe von Münster" hält dagegen: Jeder Mensch hat sein Kreuz zu tragen wie CHRISTUS, mutig und tapfer bis in den Tod. Die erste Christen-Pflicht ist dabei, Schwachen und Wehrlosen zu helfen. Zu diesen gehören: Babys im Mutterleib, psychisch Kranke, Alte, Schwerbehinderte und Leidende. Schon der Ritter-Kodex des Mittelalters verbindet mit dem Ritterschlag die Pflicht, Witwen, Waisen und die Kirche zu schützen. Bischof von Galen erreicht das vorübergehende Ende des NS-Euthanasie-Programms.

Wie kam es zum Zweiten Weltkrieg? Der Zweite

Weltkrieg war das Ergebnis unbegrenzten Machtstrebens verschiedener Nationen. 1936 besetzte Hitler das Rheinland, 1938 Österreich, 1939 das Sudetenland und marschierte im September 1939 in Polen ein. England, Frankreich und die UdSSR waren damit provoziert, der Weltkrieg begann. Zweitens: Die 1929 einsetzende Weltwirtschafts-Krise, hervorgerufen durch die unkluge Wirtschaftspolitik Amerikas, ließ die Arbeitslosenzahlen in Deutschland auf 30 Millionen (32%) steigen und viele Arbeitslose zum Wahl-Klientel der NSDAP werden. Hinzu kam der Unmut vieler über die Niederlage im Ersten Weltkrieg, die im Versailler Vertrag (1919) besiegelt worden war und die Alleinschuld Deutschland zugewiesen hatte. Daher die übermäßig harten Friedensbedingungen. Dritter Faktor: Die Expansionspolitik Japans und Italiens. Der Faschist Mussolini und Hitler bildeten die Achse Berlin-Rom und verbündeten sich mit Japan; das Lager der Gegner bestand aus der UdSSR, England, Frankreich und den USA. Der europäische Krieg weitete sich 1941 durch den Angriff Japans auf die USA zum Weltkrieg aus.

Wie verhält sich die Katholische Kirche im Zweiten Weltkrieg? Pius XI. († 1939) nimmt in der Enzyklika „Mit brennender Sorge" (1937) bereits vor Kriegsausbruch Stellung gegen Hitlers rassistische NS-Ideologie. Der Papst steht auf der Seite des Bischofs von Münster: Die NS-Ideologie ist ein menschen- und GOTTES-feindlicher Irrtum. Er kann nur durch die Lehre CHRISTI überwunden werden. Die

Weihnachts-Botschaft Pius XII. († 1958) im Jahr 1940 ruft zum Frieden auf mit der Bitte, die Eroberungs-Politik zu beenden. Friedens-Appelle gehen ebenso an Mussolini, den „Duce" in Italien, an den König von Belgien, die Königin der Niederlande und an Luxemburg. In der Rundfunk-Ansprache von 1941 fordert der Papst weltweit die Achtung der Menschenrechte. 1942 weiht Pius XII. die blutende Menschheit dem Herzen Mariens. Tausende von Juden versteckt er im Kirchenstaat vor der Ermordung.

6,6 Millionen Menschen sterben in Deutschland im 2. Weltkrieg. Das mutige Eintreten für das Leben und die Schwächsten der Gesellschaft durch Pius XI. und Clemens August von Galen sollten Vorbilder für unsere Bundesverfassungs- und Bundesverwaltungsrichter sein, für ein mutiges Eintreten für das Recht auf Leben und den Frieden in Europa. Pius XII. dankt dem mutigen Bischof von Münster, indem er ihn 1946 zum Kardinal ernennt als Dank für den Kampf gegen das Euthanasie-Programm im Dritten Reich. *SR.A.*

Gefährliche Ideologien

Jeder Mensch braucht geistige Leitplanken, Maßstäbe, um urteilen zu können. Notgedrungen muß sich jeder den Alltags-Wirklichkeiten stellen.

Jeder benötigt Ziele und dafür auch Fundamente. Hierfür bieten sich zahlreiche, wissenschaftlich propagierte Weltanschauungen an. Zu den Ideologien des 19./20. Jahrhunderts zählen Sozialismus, Marxismus, Kommunismus, Materialismus, Islamismus, Kapitalismus, Liberalismus und auch Nationalismus und Nationalsozialismus. Alles mehr oder weniger verkappte Erlösungs-Lehren, die den Menschen das Paradies auf Erden versprechen. Selbst-Erlösung ist das Zauberwort. *und Bolschewismus*

Sie alle stellen sich dem Christentum entgegen, oft mit dem tarnenden christlichen Anspruch, Frieden und soziale Gerechtigkeit schaffen zu können. Doch weder die Ziele noch die Mittel, sie zu erreichen, sind realistisch. Ewiges Glück, den Frieden der Seele, gibt nur der Glaube und das liebend getragene Kreuz des Alltags. JESUS heißt „Retter". IHM gilt es nachzufolgen. Aber durch Gewalt oder Medien-Gewalt verbreitete Propaganda der Ideologien lassen sich viele schlichte Menschen täuschen und wenden sich von der Kirche und dem CHRISTUS-Glauben ab.

Aber Ideologien vergehen. 1945 stürzt der Nationalsozialismus, 1989 der Kommunismus in der DDR. Die Kirche aber bleibt. Der geistig-geistliche Kampf in jedem Menschenherzen bestimmt entscheidend den weiteren Verlauf der Welt- und Kirchengeschichte. Es ist ein geistiger Kampf, der im Gewissen eines jeden stattfindet. GOTT gibt die Gnade und ist barmherzig, mitwirken aber muß der Mensch selbst.

Im Zentrum des Christseins steht JESU Testament: „Tut dies zu Meinem Gedächtnis!" (Lk 22, 19). Die Mitfeier des Meßopfers ist die Quelle übernatürlichen Lebens bis ans Ende der Zeiten.

Schon vor 200 Jahren ist Novalis, deutscher Dichter der Frühromantik, zurecht überzeugt: „Nur die Religion kann Europa wieder aufwecken und die Völker sichern." Das war kein christlicher Selbstzweck für Novalis, sondern Sinn-Erfahrung, Lebens-Gestaltung, Liebe zum irdischen und zum ewigen Vaterland. Ähnlich sagt es Gertrud von Le Fort, eine deutsche Dichterin des 20. Jahrhunderts: „Der Verrat an der Religion zieht den Verrat an der Kultur nach sich. Die abendländische Kultur wird genauso lange leben wie die abendländische Religion." *PWP*

Der Sieg des Galileo Galilei

Der Wissenschaftler feierte 2017 seinen 375. Geburtstag. Er ist heute ein populärer und kirchlich anerkannter Sieger über Vorurteile. Damit endet der Jahrhunderte lange Kampf zwischen Kirche und Wissenschaft.

Galilei, 1592 Professor für Mathematik an der Universität Padua, ist hochbegabt und fordert seine Zeitgenossen durch neuartige Experimente und Forschungsergebnisse heraus. Bis dahin galt die scholastische Theologie als einzige Erkenntnisquelle. Galilei beweist - unter anderem indem er verschiedener Gegenstände vom schiefen Turm in Pisa fallenläßt -, daß die These des Aristoteles falsch ist: Kugeln fallen nicht gerade herunter, sondern in Parabeln. Dies ist nur ein Beispiel dafür, wie der Professor einer allgemein anerkannten Autorität widerspricht. 1593 verfaßt Galilei ein Buch über Festungsbau und Mechanik und wird erster Mathematiker und Philosoph am Hof Cosimos II. in der Toskana. Ihn überzeugen die Experimente durch das praktische Resultat.

Mit Hilfe des 1608 erfundenen und weiter entwickelten Fernrohrs erkennt Galilei die längliche Form des Saturn und die Monde des Jupiter. Damit liefert er den entscheidenden Beweis dafür, daß nicht die Erde, sondern die Sonne im Mittelpunkt unseres Planetensystems steht. Das neue heliozentrische Weltbild des Kopernikus – bislang nur Theorie – ist nun durch die Praxis bewiesen. In aller Demut veröffentlicht Galilei seine Forschungsergebnisse 1613 in einem Buch. Teleskope schickt er an deutsche Fürstenhöfe und zu den bekannten Wissenschaftlern Johannes Kepler und Tycho Brahe.

Galilei ist nun Medienstar. Sogar Kardinäle und der Papst sind beeindruckt von seinen Teleskopen. Dann aber, 1615, tritt die schicksalhafte Wende in sein Leben ein: Die Inquisition - die Rechtsbehörde der katholischen Kirche im Mittelalter - verurteilt ihn als Ketzer. Dies ist weniger gezielte Tat der Kirche als eine Verkettung ungünstiger Umstände. Die erste Mahnung der Inquisition ist lediglich eine Aufforderung an den Wissenschaftler, sein Werk nicht als „Wahrheit", sondern als „Hypothese" - d.h. als Möglichkeit - herauszugeben. Galilei antwortet mit einem neuen Buch in Form eines Gespräches, in welchem drei Gesprächspartner über das geozentrische und heliozentrische Weltbild diskutieren. Galileis Freund, Papst Urban, ist aber seit 1618 in den 30jährigen Krieg verwickelt und unter Druck durch ein gespaltenes Fürstenlager in Deutschland. Alliiert mit dem protestantischen Schweden und dem französischen Kardinal Richelieu, kann er den Wissenschaftler nicht mehr decken.

Die Inquisition verurteilt nun sein Werk, da es - so das Schlußdokument - „den Grundlagen der Bibel widerspricht". Die Falle schnappt zu: Galileo wird offiziell abgemahnt und unter Hausarrest gestellt. Er schwört 1633 allem ab, was er bislang für richtig gehalten und wissenschaftlich bewiesen hatte.

Dieser Prozeß ähnelt dem der Jeanne D´Arc († 1431), Patronin von Frankreich, die unter Druck durch die Kirchenbehörde ihrer übernatürlichen Sendung abschwört aus Angst vor dem Scheiterhaufen. Mutig aber widerruft sie einige Tage später und wird verbrannt, den Namen JESUS auf den Lippen. Heute ist sie als Heilige durch die katholische Kirche anerkannt und verehrt. Galilei stirbt mit seiner Selbstverleugnung, wird aber - dank göttlicher Gerechtigkeit - 1983 durch Papst Johannes Paul II. rehabilitiert: Ausdrücklich bekennt Rom, dass Galilei zu Unrecht verurteilt wurde. 2017 ist der Sieg des populären Wissenschaftlers Galilei mehr als gewiß: Die Sonne ist der Mittelpunkt unseres Planeten-Systems, nicht die Erde. Und nicht der Mensch mit seiner begrenzten Urteilsfähigkeit und Schwachheit. DEO GRATIAS. *SR.A.*

Sprung ins 21. Jahrhundert

Dem 21. Jahrhundert bleibt es vorbehalten, die deutsche Konfessions-Statistik erneut gewaltsam zu verändern: Statt bisher zwei Drittel evangelischer und einem Drittel katholischer Christen leben hier im Jahr 2000, nach NS- und SED-Zeit, je ein Drittel evangelischer und katholischer Christen sowie ein Drittel Konfessionslose bzw. 3,2 Millionen Muslime, seit den 60er Jahren eingewandert bzw. hier geboren. Hinzu kommt im zweiten Jahrzehnt des 21. Jahrhunderts der Flüchtlingsstrom aus dem Nahen Osten und Afrika.

Auf Behinderte, Alte und Kranke, auf Juden und Sinti und Roma erfolgt bereits in der NS-Zeit der erste große Angriff mit den Konzentrations- und Vernichtungslagern. Die gleichrangige Würde eines jeden Menschen wird angegriffen. Eine Generation danach wird das ungeborene Baby im Mutterleib in

Angriff genommen. Innerhalb von 30 Jahren werden 10 Millionen ungeborene Kinder vor ihrer Geburt „abgetrieben", d.h. ermordet. Dem egoistischen Ausleben der menschlichen Sexualität wird von vielen der Vorrang vor Nächsten- und GOTTES-Liebe, vor Treue und Verantwortung eingeräumt. Das aber ist ein anti-christlicher Freiheitsbegriff, individualistisch verengt.

Deutschland ist 2016 mit 55% Getauften noch ein christliches Land. 24 Mio gehören zur katholischen Kirche, 22 Mio sind in evangelischen Gemeinden. Das Bundesamt für Migration und Flüchtlinge geht derzeit von etwa 4,5 Mio in Deutschland lebenden Muslimen aus. Die Anzahl von Juden beläuft sich auf ca. 99.000. Das Problem aber ist die persönliche Glaubenshaltung und der gelebte Glaube: Nur 12% der Christen in Deutschland geben an, „tatsächlich christlich praktizierende, gläubige Menschen" zu sein.

Die Kirchen – katholisch wie protestantisch – kämpfen mit hohen Zahlen von Kirchenaustritten. Und noch nie sind so wenige christliche Abgeordnete im Bundestag wie 2017/18. Anders dagegen die wachsenden Zahlen von Gläubigen in den Gottesdiensten und Gemeinschaften, die am klassischen Meßritus festhalten. 153 Meßorte sind es 2018 in ganz Deutschland. 71 davon feiern sogar täglich die Hl. Messe und bieten Beichtgelegenheiten an. Internetseiten stellen Anschriften, Anfahrtswege und Uhrzeiten der hl. Messen bereit. Wallfahrten, Jugendfreizeiten und Exerzitien gehören zum Seelsorgeprogramm. Ein deutlicher Hinweis darauf, daß die Seelen der Menschen nach wie vor nach GOTT schreien. IHM die Ehre zu geben in Gesang, Gebet, Opfer, Stille und Bescheidenheit – wie es in der traditionellen Messe geschieht – ist ein Urbedürfnis des Menschen. Glauben spielt sich in der Seele ab. Kein Aktivismus in kirchlichen Räumen und keine vereinfachte Morallehre kann den Seelenhunger der Menschen nach GOTT stillen. Glaube ist immer persönlich, eine geheime Liebesbeziehung zwischen Schöpfer und Geschöpf. Sie braucht Stille, Ehrfurcht und eine würdige Form des Gottesdienstes.

Diese Grundhaltung prägt auch das Alltagsleben der Gläubigen, welche die lateinische Messe mitfeiern. Familie, gemeinsames Gebet, Keuschheit, Treue rücken als christliche Tugenden wieder in den Blickpunkt. JESUS hat der Kirche den Sieg verheißen. Daher dürfen wir zuversichtlich sein, daß sich der katholische Glaube in Liturgie und gelebtem Christentum auf Dauer durchsetzen und zu neuer Blüte kommen wird. Nach einer scheinbaren Niederlage wird CHRISTUS alle treuen Gläubigen in Seinem Reich vereinen. *PWP*

100 Jahre Kriegs-Ende

2018 jährt sich zum hundertsten Mal das Ende des Ersten Weltkriegs. Was ist das deutsche Erbe?

Zuerst ein Blick auf die politische Entwicklung. Bei den Friedens-Verhandlungen in Versailles 1919 werden weder Deutschland noch der Friedens-Papst Benedikt XV. zugelassen. Die Siegermächte Frankreich, England und Rußland diktierten Deutschland ihre Friedensbedingungen. Hohe Reparationen, Besetzung des Rheinlandes, Verkleinerung der deutschen Armee, Gebietsabtretungen, Verlust der Kolonien und die behauptete „Alleinschuld Deutschlands" am Kriegs-Ausbruch 1914 sind durch ihre Härte Ansporn zu einem Folge-Krieg. Haß und Demütigung führen damals wie heute in die Gewaltspirale.

Der Erste Weltkrieg - ausgebrochen am 28. Juni 1914 mit der Ermordung des österreichischen Thronfolgers Franz Ferdinand in Sarajewo - gilt als Zäsur in der Weltgeschichte in mehrfacher Hinsicht. Der Kaiser wird durch die Niederlage Deutschlands 1918 zum Rücktritt gezwungen. Er geht ins Exil nach Holland. Deutschland wird eine demokratische Republik (Volksherrschaft). Der Bürger übernimmt durch seine Wahl-Stimme Verantwortung für die Regierung und die Politik des Landes. Unser heutiges Grundgesetz von 1949 fußt im Kern auf der Weimarer Verfassung von 1919.

Mit dem Rücktritt von Kaiser Wilhelm II. und den Fürsten endet die tausendjährige Adels-Kultur mit Schlössern, Königen und Standesprivilegien. Die protestantischen Landeskirchen – Fürsten waren zugleich protestantische Bischöfe – sehen sich nach der Abdankung der Fürsten gezwungen, Pastoren als Bischöfe für ihre Landeskirchen zu wählen. An die Stelle der Standesgesellschaft - aus Adel, Bürgertum, Bauern und Arbeiterklasse - tritt ab 1919 die Zivilgesellschaft aus gleichberechtigten, politisch mündigen Bürgern: mit Rechtsgleichheit von jedem volljährigen Manne und jeder volljährigen Frau. Endgültig bricht die Säkularisierung (Verweltlichung) der Gesellschaft durch. Kirche und christliche Moral werden weitgehend in die Privatsphäre abgedrängt. Damit auch die übernatürlich motivierte Liebeskraft und Friedensbereitschaft der Menschen. Und die beiden Supermächte USA und UdSSR betreten die Weltbühne mit ihrem ideologischen Weltherrschafts-Anspruch. Keine Politik in Europa ist mehr möglich, ohne die Interessen der beiden Supermächte einzubeziehen.

Das religiöse Erbe? Eine neue Zeit bricht in Deutschland mit der Weimarer Republik an. Während die einen die Neu-Entwicklungen als Befreiung begrüßen, sprechen Philosophen wie Oswald Spengler vom „Untergang des Abendlandes". Heute wissen wir, das christliche Abendland ist 100 Jahre später in seinen Wurzeln erschüttert. Die neue Freiheit der politischen Mitbestimmung und die Emanzipation der

Frau werden von vielen begrüßt, stoßen aber auch an ihre Grenzen. „Sunt certi denique fines" - „Es gibt gewisse absolute Grenzen" – wußten schon die Römer. Der zunehmenden Islamisierung Deutschlands kann die Regierung kaum Herr werden. Fortschreitende Liberalisierung in der Moral und in der Kirche läßt viele Deutsche aufbegehren und eine Re-Christianisierung fordern. Das Land braucht wieder christliche Politiker und Bischöfe, die sich konsequent für ein Deutschland und Europa nach GOTTES Geboten einsetzen. Immer mehr Lebensrechtler kämpfen gegen Babymord im Mutterleib und gegen Euthanasie von Alten und Schwerstkranken. Parteien wie die AfD befürworten die Groß-Familie als gesunde Keimzelle des deutschen Staates. Damit aus den Einzel-Initiativen Konstruktives entstehen kann, bedarf es einer zunehmenden Einheit der Deutschen und des Gebetes. Ohne GOTTES Hilfe kann eine Re-Christianisierung unseres Staates nicht gelingen. GOTT und die Lehre JESU sind die einzige Orientierung für jeden Christen. Kämpfen Sie mit für ein Deutschland und Europa nach GOTTES Geboten! CHRISTUS ruft jedem Einzelnen heute erneut zu: „Komm, folge Mir nach! Wer nicht sein Kreuz auf sich nimmt und Mir nachfolgt, ist Meiner nicht wert." (Mt 10,38). *SR.A.*

200 Jahre „Stille Nacht"

Katholiken wie Protestanten singen dieses Weihnachtslied am liebsten. Seit 1818 verschönert es die Feier der Heiligen Nacht.

Die altersschwache kleine Orgel in Oberdorf bei Salzburg, Österreich, hat ihren Geist aufgegeben. Pfr. Joseph Mohr sucht Ersatz für die Gemeinde. Eines seiner Gedichte gibt er seinem Organisten Franz Xaver Gruber: „Schreib eine Melodie dazu." Zur Christmette 1818 erklingt dann erstmals „Stille Nacht, heilige Nacht". Das Lied hört auch der Orgel-Reparateur und nimmt das Lied samt Text und Melodie mit. Als sich Kaiser Franz I. und Zar Alexander 1822 im Zillertal treffen, singt man ihnen das Lied vor. Bald darauf wird es durch ein Konzert in Leipzig auch in Deutschland bekannt und 1833 in Dresden in Druck gegeben. Längst hält man es für ein Volkslied. König Friedrich Wilhelm IV. von Preußen geht nun dem Ursprung von „Stille Nacht" nach. Sein Kapellmeister erfährt vom Stift St. Peter in Salzburg, woher das Lied stammt, das inzwischen um die Welt geht. Heute, 200 Jahre später, ist es in mehr als 300 Sprachen übersetzt und wird überall auf der Welt gesungen. Es gehört zum EU-Liederbuch und steht in der Welt-Liste der UNESCO. Am wichtigsten aber bleibt, daß dies Lied unser Herz erreicht.

Singen, Beten und Knieen gehören zusammen. Das zeigen uns Maria und Joseph, als sie an der Krippe knieen und das JESUS-Kind anbeten. Sie wissen: Es ist GOTTES Sohn, der dort liegt. GOTT und Mensch zugleich, der Retter der Menschheit. Wie sie so knieen auch die Hirten, als sie dem Ruf folgen und zur Krippe eilen, um den neuen König anzubeten. Und auch die Weisen aus dem Morgenland, Sterndeuter aus der Priesterklasse, von weit hergereist, fallen auf die Knie, um dem Messias zu huldigen. Gold, Weihrauch und Myrrhe schenken sie dem Kind als Zeichen der Anerkennung als Welten-König. Anbetung hat immer mit Ehrfurcht zu tun. Wer die Größe eines anderen und die GOTTES nicht anerkennen kann, macht sich zum Sklaven von Neid und Unfrieden. Wer die Freiheit des anderen nicht achtet, bekennt sich zur Unfreiheit. Er versklavt sich selbst in der schlimmsten Form, die möglich ist: Er wird Sklave Satans. Denn Grenzüberschreitungen sind Sünde: Sich absondern von GOTT. Wahre Freiheit bedarf nicht nur der Selbst-Achtung, sondern zugleich der Achtung der Würde des anderen. Jede bleibende Würde aber wurzelt in GOTT, spiegelt Seine ewige Heiligkeit wider im Geschöpf. Wird beides geachtet, kann das christliche Abendland auferstehen.

Wahre Freiheit ist zugleich ein Bekenntnis zu eigenen Pflichten. GOTTES-Anbetung und Nächsten-Liebe gehören eng zusammen. Werden sie mißachtet, ist Wiedergutmachung gegenüber GOTT und dem Verletzten erforderlich. Die Bitte um Verzeihung muß konkret ausgesprochen werden. Christen haben jedoch, wenn sie sich versöhnen wollen, dem Verletzten jede Form der Demütigung zu ersparen. Andererseits soll der Verletzte jede angedeutete Verzeihungs-Bitte, einen Gruß oder Dank oder eine Hilfs-Bitte, sofort annehmen, um weitere Mißverständnisse zu verhindern. Und eingedenk der Schwächen, von denen jeder Mensch befallen werden kann, lieber schneller als langsamer verzeihen. Die Freiheit zur Großherzigkeit gehört zur wahren christlichen Freiheit. Auch der „Sieger" in Auseinandersetzungen muß knien können. GOTT legt sich für uns nicht nur in die Krippe von Bethlehem, sondern ER geht für uns sogar ans Kreuz, um uns den Himmel wieder aufzuschließen. *PWP*

Mission oder Djihad?

Wieder stehen die Muslime vor den Toren Europas. Seit dem 21. Jahrhundert kommen sie als Flüchtlinge aus dem Nahen Osten oder Afrika. Die Waffe: Hohe Geburtenzahlen, mangelnde Integrationsbereitschaft in die europäische Werteordnung und zahlreiche Attentate weltweit seitens der radikal-islamischen Terror-Miliz IS. Ziel: Eine muslimische Welt, in welcher Koran und Scharia gelten. Aber Christen und Muslime haben unterschiedliche Auffassungen von Glaubensverbreitung.

Heute findet die größte Christenverfolgung aller Zeiten statt: Mehr als 200 Millionen Menschen werden weltweit verfolgt oder ermordet, weil sie sich zu JESUS CHRISUTS bekennen. Vor allem in islamisch dominierten Staaten werden Christen systematisch aus der Gesellschaft ausgeschlossen, ihre Kirchen oft zerstört und sie selbst mißhandelt oder getötet. Kirchliche Organisationen veröffentlichen ständig aktuelle Zahlen und Hintergründe im Internet.

33 Koran-Verse rufen zum Krieg gegen Ungläubige auf. Das sind alle Nicht-Muslime. Der Kampf soll mit dem Schwert geführt werden. Der Krieg ist „heilig", da er von Allah gewollt ist: „Alle, die an Allah glauben, kämpfen mit der Waffe für Allah" (4,7). „Der Kampf mit der Waffe ist euch vorgeschrieben." (2,216) Wer als männlicher Muslim diesen heiligen Krieg (Djihad) nicht unterstützt, nicht einmal finanziell, wird von Allah mit Folter und Qualen bestraft: „Den schlägt Allah mit einem Unheil vor dem Jüngsten Tag" (Hadith nach Ibn Madja). Ist ein Land für den Islam erobert, so Mohammed, darf es ausgebeutet werden. Muslime, die im Djihad sterben, erhalten im Paradies eine sofortige Belohnung mit allen sinnlichen Genüssen. Daher die hohe Zahl der Selbstmord-Attentäter. Rache wird als Kriegs-Motivation gutgeheißen: „Nehmt Rache an ihnen in dem Maße, wie sie euch geschadet haben." (2, 190).

Djihad heißt übersetzt „heilige Krieg", den die Moslems im Namen Allahs führen. Seit dem 7. Jahrhundert erklärten arabische Muslime dem christlichen Europa wiederholt den Krieg. Die Kalifen eroberten

Syrien (636), Palästina und Jerusalem (638), Irak und Iran sowie Ägypten (642), Nord-Afrika, einen Großteil Spaniens und Süd-Frankreich. Kaiser und Papst konnten jedoch mit ihrem Heer und intensivem Fasten und Rosenkranzgebet die vollkommene Islamisierung des christlichen Abendlandes verhindern: 732 bei Tours und Poitiers, 1571 bei Lepanto und 1683 vor Wien. Danach erholte sich das muslimische Osmanische Reich nicht mehr und endete 1918.

Anders die Glaubensverkündigung – genannt „Mission" – seitens der Christen. Auch JESUS erhebt den Universal-Anspruch, die christliche Religion auf dem ganzen Erdkreis auszubreiten – aber nicht mit Gewalt: „Gehet hin und verkündet die frohe Botschaft allen Völkern. Wer glaubt und sich taufen läßt, wird gerettet werden" (Mk 16,15). Zum Abschied ruft er nicht zum Krieg gegen alle Heiden auf, sondern segnet seine Apostel, haucht sie an, um ihnen den Geist GOTTES – den Heiligen Geist – zu schenken. Frieden sollen sie bringen, nicht Gewalt und Unterwerfung. Sünden sollen sie vergeben, Kranke heilen und böse Geister (Dämonen) austreiben. Segen soll jeder Neu-Getaufte sein für seine Mitmenschen, nicht Richter. Die Feinde sollen, so JESUS, mit Liebe behandelt – nicht getötet werden. Denn der Richter wird GOTT selbst sein. Dies verheißt die Bergpredigt (Mt 5-7): „Selig die Friedfertigen. Selig die Barmherzigen. Denn sie werden GOTT schauen." In Liebe zieht JESUS jeden Menschen an sich und läßt ihm die Wahl zwischen Gut und Böse.

Die Frage nach dem Sieger bleibt. Die Amtskirche setzt seit dem II. Vatikanischen Konzil (1962-1965) auf Dialog mit dem Islam statt auf Mission (Bischöfliche Dialog-Kommission CIBEDO). Die Folgen sind: 1. Das traditionelle Bollwerk der katholischen Kirche ist geschwächt, da der Sendungsauftrag JESU verwässert wird und die innerkirchliche Einigkeit zur Zeit immer mehr bröckelt. 2. Der islamische Anspruch auf den heiligen Krieg besteht weiter, wird aber gepaart mit einer „friedlichen" islamischen Überfremdung: Im Zuge des derzeitigen Flüchtlings-Problems aus dem Nahen Osten und Afrika.

Kann Europa heute das Vordringen des Islam stoppen? Werden politische Maßnahmen greifen? Als Christen wissen wir nur eins - JESUS verheißt den Sieg: „Die Pforten der Unterwelt werden Meine Kirche nicht überwinden" (Mt 16,18). Neben einer verantwortungsbewußten Politik bedarf es der beiden langbewährten Pfeiler des christlichen Glaubens – Rosenkranzgebet und heilige Eucharistie – wie Don Bosco in seiner Vision über die Endzeit voraussieht.

SR.A.

Der Kampf mit den Medien

Der erste Computer wird zuerst in den 1960er Jahren als Rechenmaschine genutzt. Dann kommen Textverarbeitungs-Programme hinzu. In den

1980ern das Internet. Um die Jahrtausend-Wende sind Handys, Smartphones und Tablets zum festen Bestandteil der Berufswelt, aber auch der Kinder und Jugendlichen geworden. Neben die Arbeitserleichterung und weltweite Vernetzung treten jedoch immer mehr auch die negativen Auswirkungen der modernen Medienwelt. Der Böse hat sich so sehr der Medien und Mediennutzung bemächtigt, daß schon Kinder und Jugendliche porno-süchtig werden. Mobbing und Rufmord über das Internet sind an der Tagesordnung. Sexualkunde in Kindergärten und Grundschulen stehen auf dem Programm staatlicher Kindererziehung – alles mit Hilfe der modernen Medienwelt.

Die Kinder brauchen wieder Vorbilder im Glauben, feste Bezugspersonen zum gemeinsamen Gebet und Gottesdienstbesuch und Heroismus, um dem Ansturm des Bösen widerstehen zu können. Dank CHRISTI Gnadenhilfe ist dies wie zu allen Zeiten der Geschichte möglich. Langsam erobern Christen das Internet mit Informationen über Meßorte, christlichem Büchermarkt und Zeitungen, Anbetung-Live-Angeboten und täglichen Gottesdiensten. Gerade junge Menschen kommen am ersten Samstag in jedem Monat, dem Herz-Mariä-Sühne-Samstag, zusammen, um dem Aufruf der GOTTES-Mutter von Fatima (1917) zu folgen. Wem der Anfahrtsweg zu lang ist, der bildet Fahrgemeinschaften oder nutzt Fernsehen und Internet, um die Andachten geistig mitzubeten. Wie Simon von Cyrene trägt gerade die nach 1970 geborene jüngere Generation das Feuer des tradierten Glaubens weiter.

Die Medien-Revolution und damit die Gefahr der Säkularisierung, der Verweltlichung, beginnt im 15. Jahrhundert mit der Erfindung des Buchdrucks durch Johannes Gutenberg († 1468). Wissenschaftliche Forschungs-Ergebnisse können nun schnell verbreitet werden, aber auch die Schriften Luthers und anderer Reformatoren, welche die Kirche erschüttern. Im Zeitalter der Aufklärung ist der „mündige Bürger" das Ideal, d.h. persönliche Einstellungen und politische Ziele verdrängen den christlichen Glauben an den guten drei-einen GOTT, der die Welt liebend in Händen hält.

Schon im Mittelalter existieren 2000 deutsche Bibel-Handschriften. Sie sind damals so wertvoll, daß manchmal die Bibel in Kloster-Bibliotheken an einer Kette festgebunden wird, um nicht gestohlen zu werden. Für das Pergament eines einzigen Evangeliars müssen im Hochmittelalter etwa 60 Rinder ihr Leben lassen. Jetzt, nach Erfindung des Buchdrucks, kann auch die Heilige Schrift weit verbreitet werden und in die Landessprachen übersetzt. Fürstliche Bibliotheken entstehen, oft auch zu wissenschaftlichen Zwecken genutzt.

Ein beliebtes Medium der Frühen Neuzeit, das im Glaubenskampf eingesetzt wird, ist der Brief. Franz von Sales († 1622), Bischof von Genf, schreibt

20.000 Briefe. Johannes Don Bosco († 1888), Jugend-Seelsorger in Mailand, dankt jedem Spender brieflich – auch für die kleinste Gabe. Kardinal Newman († 1890) benutzt das Flugblatt als Waffe des Geistes. *PWP*

Mündige Staatsbürger

Politik und Staat sind nie Selbstzweck und absolut. Sie haben dienende und ordnende Funktion – und zwar hin auf GOTT. Dies gilt auch für das 20. und 21. Jahrhundert und wird durch Papst Leo XIII. († 1903) für unsere Zeit betont. Seine christliche Soziallehre ist heute wie damals bindend für alle Gläubigen. Absolut und Selbstzweck ist nur der drei-eine GOTT: VATER, SOHN und HEILIGER GEIST. Sie sind die immerwährende Liebe, der Logos allen Seins, Anfang und Ende der Weltgeschichte. GOTT überdauert die Zeit in die Ewigkeit hinein. Auf IHN hin, den Urheber allen Seins, ist der Staat geordnet.

Der Staat – das weltliche „Schwert" - hat die Aufgabe, dem Bürger Sicherheit und Schutz zu bieten. Dafür stehen ihm die Gesetzgebung zur Verfügung, die Polizei, die Armee und die Staatsbeamten. Sie sollen den einzelnen vor Unrecht schützen und Freiraum für ein gott-gefälliges Leben schaffen. Die Kirche als Leib CHRISTI ist die geistliche Ordnungsmacht: Sie führt die Seelen der Menschen durch das

Spenden der Sakramente und die priesterliche Hierarchie mit deren Lehramt hinein in die Ewigkeit. Die Kirche wird seit dem Mittelalter das „geistliche Schwert" genannt: Sie ist die religiös-moralische Ordnungsmacht. Da GOTT der Ursprung allen Seins ist, muß jede bürgerliche Gesellschaft GOTT als ihren Vater und Urheber anerkennen und die Politik den GOTTES-Bezug bewahren. Das Ideal einer an GOTTES Geboten orientierten Gesellschaft ist die Zusammenarbeit zwischen Kirche und Politik, damit das Königtum JESU CHRISTI bereits hier auf Erden sichtbar wird.

Dabei ist keine Staatsform von GOTT als „richtig" vorgeschrieben. Das betonen sowohl die Scholastiker des Mittelalters als auch die christliche Soziallehre Papst Leo des XIII.: „Wenn die Gerechtigkeit nicht verletzt wird, ist es den Völkern unbenommen, jene Regierungsform bei sich einzuführen, die entweder ihrem Charakter oder den Sitten und Gewohnheiten von alters her am meisten entspricht." Demokratie und Monarchie stehen also gleichberechtigt nebeneinander. Das einzig Wichtige: Die Herrscher erkennen den drei-einen GOTT an und bemühen sich, Seine Gebote im politischen Alltag umzusetzen. Damit sind Gesetze, die Abtreibung, Euthanasie, Homo-„Ehe" oder Gender-Mainstream befürworten – in welcher Staatsform auch immer - als GOTT feindlich und als moralische Irrlehren abzulehnen.

C-Parteien in Verantwortung: Gleichzeitig bleibt zu

betonen, daß Staat und Kirche zwei von GOTT gewollte Ordnungen sind. Bildlich gesprochen: Kirche und Staat müssen zusammenarbeiten wie Seele und Leib beim Menschen. Ist ein Teil krank, ist der ganze Mensch handlungsunfähig: „Die Trennung zwischen Staat und Kirche ist ein verderblicher Grundsatz. Beide Gewalten sollen […] einträglich zusammenwirken und sich wechselseitig Dienste leisten." (Libertas, 1888). Die besondere Herausforderung heute: Die Notwendigkeit des konsequenten Festhaltens an den seit 2000 Jahren tradierten Lehren JESU innerhalb der Kirche. „Wer nicht mit MIR sammelt, der zerstreut" (Lk 11, 23). Problematisch ist die heutige Verwirrung, was überhaupt „katholische Lehre ist". Schwankende, widersprüchliche „Lehräußerungen" innerhalb der obersten Ränge der katholischen Kirche verwirren den Einzel-Christen. C-Parteien und Kirche müssen konsequent an der seit 2000 Jahren überlieferten Lehre festhalten und diese im Alltag umsetzen. Daß dies im HEILIGEN GEIST möglich ist, versprach JESUS selbst (Joh. 16, 13).

Konkret: Es gilt bei staatlichen Wahlen die Parteien nach deren konsequenter Umsetzung der Lehre JESU zu hinterfragen und nur dort eine Stimme zu geben, die im Gewissen vor GOTT verantwortet werden kann. Christliche Sozialpolitik heißt darüber hinaus: Anerkennung des Wertes der Arbeit, gerechte Löhne, Sozial-Versicherungen, Sonntagsruhe, faire Arbeitszeiten, Verbot von Kinderarbeit und Minderbezahlung von Frauen. Das Recht auf Privatbesitz muß garantiert sein. Damit bleibt die Stimmabgabe bei der Wahl eine Gewissensentscheidung vor dem Allerhöchsten. *SR.A.*

GOTT ist die erste Wahl

Jede Stimme, die gegen eines der Gebote GOTTES abgegeben wird, ist verloren. Wer sich gegen GOTTES Allmacht erhebt, stürzt. Leider denken viele Christen, auch Kirchenmänner, zuerst innerweltlich-strategisch. Sie wählen unter 48 Parteien (Bundestagswahlen 2017) das „kleinere Übel", um „Schlimmeres" zu verhindern. Doch GOTT läßt nicht mit sich pokern. Wer auf vorübergehende Siege setzt, verliert langfristig.

Sodom, Gomorrha, Berlin: Eine Sintflut, so stark wie seit 100 Jahren nicht mehr, stürzt auf Berlin herab. Ein Jahrhundert-Regen, während die Mehrheit des Deutschen Bundestages am 30.06.2017 Verpartnerung von Homosexuellen der Ehe gleichstellt. Von 630 anwesenden Abgeordneten stimmen 393 mit Ja. Alle von SPD, Linken und Grünen, sogar 75 aus CDU/CSU. Die Kanzlerin hofft: „Ein Stück gesellschaftlicher Friede" wird einkehren. Aber ist das überhaupt möglich? Binnen 34 Minuten?

Schon wenn man Kinder fragt: „Wie möchtest du aufwachsen? Mit zwei Vätern oder mit zwei Müttern?" – antworten sie: „Mit Mama und Papa." Daß Homosexualität ein Greuel ist, erklärt der Prophet Ezechiel im 6. Jahrhundert v. CHR. (3,18). Auf Sodom und Gomorrha, die Homosexualität ausüben, regnen Feuer und Schwefel und zerstören die Städte (1 Mos 19,24). Homosexualität ist eine heilbare Krankheit, bestärkte das Landgericht Münster die CM vor wenigen Jahren in ihrem Kampf gegen praktizierte Homosexualität (HS): HS ist eine erworbene Sexual-Neurose, eine naturwidrige Trieb-Verirrung, welche die Lebens- und Arterhaltungs-Funktionen stört. Sie ist egozentrischer Mißbrauch zur Selbstbefriedigung am Partner. Das Robert-Koch-Institut stellt fest: Von den 63.000 deutschen Männern, die an AIDS leiden, haben zwei Drittel ihre Krankheit durch „Homo-Kontakte" erworben. Die größte Sünde der Abgeordneten ist, daß sie zahlreiche Staatsbürger zu deren eigenem Schaden verführen.

Was wählen Christen? Kein Christ darf eine Partei wählen, die Homosexualität gutheißt. Der Schöpfer läßt Seiner nicht spotten. Das zeigt schon die Zerstörung des Nord- und Südreiches von Israel, angekündigt durch die Propheten im 6. Jahrhundert, so daß Israel in die Babylonische Gefangenschaft kommt (1 Kön 12-25). Im Letzten Gericht hat jeder auch über die geheim abgegebene Wahlstimme Rechenschaft abzulegen. Konsequent unter den C-Parteien ist nur das ZENTRUM (NRW), das allein von GOTT her denkt und Politik von GOTT her gestaltet. Andere C-Parteien befürworten offiziell den Lebensschutz, lassen aber tödliche Schlupflöcher. Steht eine konsequente christliche Partei nicht auf dem Wahlschein, muß sich der Christ der Stimme enthalten und hat wie einst die Bewohner von Ninive, Buße und Sühne stellvertretend für sein Volk zu tun (Jes 30,15). Jede Stadt soll nicht wegen böser Untaten untergehen, sondern wie Ninive gerettet werden (Jona 3,8-10).

Die aufstrebende AfD denkt in der Mehrheit leider nicht von GOTT her, sondern ist humanistisch motiviert. Eine große moralische Meinungsvielfalt führt dazu, daß z.B. jetzt eine Lesbe eine der beiden Parteivorsitzenden ist. Für einen Christen undenkbar! Das macht auch positive Ansätze der AfD, z.B. Einsatz für die Großfamilie und die häusliche Pflege von Alten und Kranken, nicht wett. Auch der AfD-Kampf gegen den Islam gleicht das nicht aus. Christen stellen höhere Anforderungen an die Politik.

GOTT hält die Weltgeschichte in der Hand. Schon im Jona-Bericht des AT offenbart sich GOTT als der Retter. Er verlangt jedoch, daß wir Menschen Seine 10 Gebote einhalten. Er schreibt sie auf Stein (2 Mos 20,1-17 und 5 Mos 5,6-21). Der Ruf der Christenheit, durch Keuschheit die Familien zu beschützen, wird nie verstummen. Wenn aber der Mensch wiederholt bewußt die Gebote GOTTES bricht, kommt es zum Strafgericht wie in Sodom und Gomorrha. Es ist nur eine Frage der Zeit, wann die tödlichen Verpartnerungs-Gesetze wieder hinweggefegt werden und auch sprachlich die Heiligkeit der Ehe bekräftigt wird. *PWP*

Der schweigende Papst

Etwas Seltsames geschieht nach dem Rücktritt Papst Benedikts XVI. (2013): Sein Nachfolger schweigt. Schweigt zur schriftlichen Anfrage von vier Kardinälen, die sich auch im Sinne der Gläubigen demutsvoll erkundigen, wie das neue Schriftstück – genannt „Amoris Laetitia" (2016) – zu verstehen sei, inwiefern es mit den tradierten katholischen Wahrheiten übereinstimme, und was überhaupt die generelle Lehrmeinung im Vatikan sei. Zwei der vier Kardinäle sind 2017 bereits verstorben. Die Christenheit bleibt verwirrt zurück. Amtierende Bischöfe, Pfarrer und Gläubige vertreten inzwischen unterschiedliche Auffassungen, welche Lehre „katholisch" sei.

Ein Blick auf die Historie. Das Schweigen zu Anfragen von Kardinälen kann eine Kirchenspaltung auslösen – heute wie vor dem Ausbruch der Reformation 1517. Papst Julius II. baut den Petersdom (1506), und Michelangelo gestaltet in dieser Zeit die Sixtinische Kapelle. Julius II. ist eine machtvolle Persönlichkeit ohne persönlichen Ehrgeiz, will aber das Papsttum vor der Welt erstrahlen lassen. Hierzu dient auch der Kampf um die Befreiung des Kirchenstaates von ausländischen Mächten. Aber das dringend notwendige Konzil wird nicht einberufen. Der Papst ist mehr Kriegsherr als Priester. Lange liegen Anfragen wegen Mißständen vor: Bildungslücken von Priestern, Verweltlichung von Klöstern, Ämterkauf (Simonie) und Vetternwirtschaft (Nepotismus) – so u.a. die Mängelliste verantwortungsbewußter Kardinäle und Bischöfe. Feierlich hatte der Papst bei seiner Wahl versprochen, ein Konzil einzuberufen, ohne es zwei Jahre nach Amtsantritt in die Tat umgesetzt zu haben.

Auch Schweigen kann zu schwerer Schuld werden, wenn Handlung nötig ist. Hamlet, der Prinz von Dänemark schweigt in den fünf Akten des berühmten Dramas von Shakespeare († 1616), da er sich nicht klar darüber ist, wie er handeln soll. Dieses Zögern stürzt im Verlauf des Dramas mehrere unschuldige Menschen am Königshof in den Tod. Am Ende stirbt Hamlet selbst.

In der Renaissance ist es ein einzelner Deutscher, der das Heft in die Hand nimmt, denn der Papst schiebt die Einberufung eines umfassenden, klärenden Konzils auf. Martin Luther († 1546) schafft nicht nur eine neue Lehre, sondern führt die katholische Kirche in die Spaltung und löst dadurch den 30jährigen Krieg (1618 – 1648) aus. Zwei Drittel der deutschen Städte werden ausgelöscht und ganz Europa in die Kampfhandlungen einbezogen. Als Julius II. 1512 doch noch handelt, ist es zu spät: Todkrank eröffnet er das Konzil und stirbt bereits nach der fünften Sitzung. Auch sein Nachfolger Leo X. stirbt, ohne die

Mißstände auf dem „Allgemeinen Konzil" von 1517 bereinigt zu haben.

Wie hoch ist doch die Verantwortung des Stellvertreters CHRISTI heute – da doch JESUS das Papsttum geschaffen hat als „Hüter des Glaubens". Kirche und Klerus brauchen dringend unser Gebet – heute.
SR.A.

Klassische Liturgie im 21. Jahrhundert

Wann immer es Änderungen im Heiligsten der Kirche gibt, im Meßopfer, bebt auch der Glaube vieler Christen. So hallen die Erschütterungen der Liturgie-Reform nach dem Zweiten Vatikanum noch heute nach. Alter und neuer Ritus sind beide gültig, werden auch heute gefeiert. Aber wieviel Verwirrung ist damit einhergegangen. Wie sehr hat die Ehrfurcht gegenüber dem Heiligen abgenommen.

Die Sonntagsmesse ist die wichtigste Kontaktbrücke des einzelnen Katholiken durch CHRISTUS zu GOTT. Hier setzen die Priester den Opfertod JESU und seine Auferstehung von den Toten gegenwärtig. Alle CHRISTEN singen und beten hier gemeinsam. Schon die frühe Kirche kennt die Sonntags-Pflicht, d.h. die Lehre, daß jeder Gläubige einmal in der Woche – am Tag der Auferstehung JESU – das hl. Meßopfer mitfeiern soll. Eine Oase des Glücks im oft tristen Alltag! In allen tridentinischen Meßorten können die Christen auch vor der Messe beichten und so von ihren Sünden reingewaschen werden. Welch Segen, welche Kraft!

Bereits Papst Innozenz I. († 417) sagt über die römische Liturgie: „Wer weiß nicht, daß das, was vom Apostelfürsten Petrus der römischen Kirche überliefert worden ist und bis heute behütet wurde, von allen bewahrt werden muß?" Der klassische römische Ritus drückt auf vollkommene Weise das Wesen des Hl. Meßopfers aus, so das Konzil von Trient im 16. Jahrhundert: Die Realpräsenz, die persönliche Gegenwart JESU CHRISTI und die Gegenwärtigsetzung Seines Sühneopfers am Kreuz. Der Priester als Stellvertreter JESU vollzieht das Kreuzesopfer unblutig nach in jeder Hl. Messe. Die Zelebrations-Richtung ist nach Osten, versus Deum, also vor dem Opferaltar. Im neuen Ritus schaut der Priester zu den Gläubigen. Der alte Ritus ist eng verbunden mit Latein als Kultsprache der Hl. Messe: Sie ist Ausdruck der Feierlichkeit, des Mysteriums, der Einheit der Kirche weltweit und ist die Muttersprache der Christen. Da sie nicht dem Wandel der Umgangssprachen unterliegt, ist sie geeignet, die ewigen Wahrheiten der katholischen Kirche zum Ausdruck zu bringen. Der „Schott", das Volksmissale, ist für jeden Gläubigen Wegweiser durch die Messe: Gebete, Lesungen, Evangelien und Gregorianische Gesänge sind dort zu finden für jeden Wochentag und Sonntag. Zum klassischen Ritus gehört verpflichtend auch die Mundkommunion als Ausdruck der Ehrfurcht vor GOTT.

Mit den Neuerungen, oft eigenmächtig von Priestern, heute in einzelnen Gottesdiensten vorgenommen, hat die klassische Liturgie nichts zu tun. Sie ist immer gleichbleibend seit Jahrhunderten. An Hochfesten singen Schola und Gemeinde die wunderschönen Gregorianischen Choralgesänge zur Ehre GOTTES. Ein Stück Himmel auf Erden. Mit der „Weiterentwicklung" der Liturgie sind viele Christen überfordert. Warum sollen tradierte Wahrheiten seit 2000 Jahren jetzt nicht mehr gültig sein?! Das Konzil von Trient (1545-1563) hat als Antwort auf die Reformation Luthers die katholische Lehre und Liturgie einheitlich und für alle Zeiten festgeschrieben. Es gilt, sie zu leben. Immer mehr Kirchenmänner räumen ein, daß die alte Messe wieder im Kommen ist, und daß ihr die Zukunft gehört. Allein das Studium der Zahlen von Meßorten mit der tridentinischen Messe im Internet zeigt, daß die Gemeinden ständig wachsen und daß Priester- und Ordensberufungen sich vermehren. *PWP*

Pilger-Orte: Die GOTTES-Mutter spricht

In allen Jahrhunderten haben einzelne Menschen die Gnade, Maria, JESUS oder Heilige in Visionen zu schauen. So die Seherkinder von Fatima in Portugal

(1917) oder das Bauernmädchen Bernadette Soubirous in Frankreich (1858). Immer sind die Botschaften an die gesamte Menschheit gerichtet, um den Menschen die Lehre JESU ins Gedächtnis zu rufen. Visionen, die nicht den Geist JESU atmen und nicht mit den Glaubenswahrheiten der Bibel übereinstimmen, sind nicht von GOTT. Anders die kirchlich anerkannten Wunder und Erscheinungen.

Eine „asoziale" Familie, die Soubirous? Mit ihrer Mühle hat sie Pleite gemacht. Bald kann Vater Soubirous die Miete für seine Familie mit vier Kindern nicht mehr bezahlen. Ein Verwandter rettet sie: Ihm gehört das leerstehende „Cachot", eine frühere Gefängniszelle. Hier, im französischen Lourdes, dürfen sie kostenlos hausen. Allerdings räuchert eine offene Feuerstelle ohne richtigen Abzug in den kleinen, feuchten Raum hinein. Und der hat nur zwei schmale Gitterfenster.

Anfang Februar ist das Holz ausgegangen. Marie-Antoinette und die 14jährige Bernadette Soubirous ziehen los zum Gave-Fluß. Manchmal wird dort ein bißchen Holz angeschwemmt. Bernadette will gerade durch das eiskalte Wasser waten, als sie plötzlich gegenüber, am Massabielle-Felsen, an der alten Grotte, eine schöne Dame sieht. Sie trägt ein weißes Kleid mit blauem Gürtel. Mehrmals reibt sich das Mädchen die Augen: „Träume ich?"
Ihre Schwester Antoinette wird neugierig: „Warum bist du so weiß im Gesicht?" Und sie entlockt ihr das

Erlebnis mit der schönen Dame, das sie prompt daheim weitererzählt. Es gibt Ärger. Bald wissen auch die Nachbarn Bescheid und plaudern weiter. „Bernadette spinnt! Sie ist krank!" sagen die Leute. In der Schule wird sie ausgelacht. Pfarrer Peyramale hört davon. „Kindereien!" sagt er nur. Und Mutter Soubirous verbietet strikt weitere Besuche an der Gave. Aber der gutmütige Vater gibt schließlich nach. Ihre Freundinnen nehmen geweihtes Wasser mit, um es als „Echtheits-Test" gegen die schöne Dame zu sprühen. Doch vor der Grotte wird Bernadette plötzlich wieder kreidebleich und starr, lächelt aber zugleich und holt ihren Rosenkranz hervor.

Eine vornehme, fromme Näh-Kundin von Frau Soubirous schaltet sich ein: Sie selbst will mit Mutter und Tochter in aller Herrgottsfrühe zur Grotte gehen, um alles zu überprüfen. Eine weitere Begleiterin hat sogar Schreibzeug dabei. Doch die Frauen sehen nichts. Bernadette aber ist wieder in Ekstase und erzählt, nachdem sie den Rosenkranz gebetet hat: „Die Dame hat gesagt: ‚Würden Sie mir die Güte erweisen, 15 Tage lang hierher zu kommen?' Und: ‚Ich verspreche Ihnen nicht, Sie in dieser Welt glücklich zu machen, wohl aber in der anderen'." Die Begleiterinnen sind vom Geschehen beeindruckt: „So verstellen kann sich kein Kind."

Tags darauf sind schon mehr als 100 Besucher an der Grotte, Fromme, Neugierige. Nach Sekunden ist Bernadette wieder ins Schauen entrückt. Die Dame bringt ihr ein Gebet bei. Es ist nur für sie persönlich bestimmt, nicht für die Umstehenden.

Am 21. Februar 1858, zehn Tage nach der ersten Erscheinung, strömen bereits 2.500 Schaulustige vor der Grotte von Massabielle zusammen. Auch Kritiker und Gegner stellen sich ein, unter ihnen der Arzt Dr. Dozous. Erstaunt notiert er: „Der Puls von Bernadette schlägt ruhig und regelmäßig." Also ist alles normal. Weiter: „Plötzlich weint die Kleine." Später erfragt er, warum das geschieht. „Sie: ‚Traurig sagte die Dame: Beten Sie für die Sünder'!"

In vielen Familien von Lourdes erregte Debatten. Da greift die Stadtverwaltung ein. Sie verbietet dem Mädchen, weiterhin zur Grotte zu gehen, damit der Volksauflauf aufhört. Doch Bernadette hält sich an das Versprechen, das sie der Dame gegeben hat, und geht 15 Tage lang täglich zum Erscheinungsort. Einmal wendet das Kind sich sogar an die Menge und ruft dreimal laut: „Buße!" Da eilt der Hauptwachtmeister herbei und versucht, die wieder in Ekstase Betende wachzurütteln. Doch es gelingt nicht. Bald darauf wühlt sie auf Geheiß der geheimnisvollen Dame die schlammige Erde auf und wäscht sich das Gesicht mit herausströmendem Wasser. Ihr Gesicht sieht völlig verschmiert aus. Zuletzt reißt Bernadette Gras aus und steckt es in den Mund. „Jetzt ist sie total übergeschnappt!" heißt es in der Menge, die sich nun schnell verläuft. Die Antwort des Mädchens: „Die Dame wünscht das alles."

Immer stärker fließt das Wasser des Rinnsals, das Bernadette ausgraben durfte. Heute sind es täglich 123.000 Liter. Das Wunder der neu sprudelnden Quelle zieht immer mehr Besucher an. Als das Mädchen in Ekstase eine brennende Kerze in Händen hält, bemerkt es nicht einmal die Flamme, die eine Viertelstunde lang seine Hand trifft. Dr. Dozous beobachtet das. Hinterher stellt er keinerlei Spur von Verbrennung fest. Anders, als das Kind nicht in Ekstase ist und sich gerade mit Besuchern unterhält: Der „Kerzen-Test" durch den Arzt läßt Bernadette laut aufschreien.

Aufsehen erregt zudem, daß die Visionärin auf einmal den Boden küßt. Auch das hat ihr die Dame befohlen - als Buße für die Sünder. Tags darauf lautet der Befehl der Erscheinung: „Baut hier eine Kapelle!" Damit muß das arme Kind zu Pfarrer Peyramale. Der hört die Vierzehnjährige an und verlangt: „Frag die Dame nach ihrem Namen! Dann wissen wir, daß die ganze Sache echt ist." Aber die Dame geht auf diese Bitte nicht ein, verlangt stattdessen Prozessionen zum Erscheinungsort. Der Pfarrer setzt dagegen: „Dann soll die Dame ein Wunder wirken, damit wir wissen, ob sie von Gott oder vom Teufel kommt. Sag ihr, sie soll den Rosenstrauch an der Grotte zum Blühen bringen! Jetzt im Februar!" Doch der Rosenstrauch blüht nicht. Ganze Dörfer der Umgegend rücken an: 20.000 Menschen. Fast alle knien mit dem kleinen Mädchen und beten den Rosenkranz. Doch nichts Sichtbares geschieht.

Drei Wochen später: 25. März, Fest der Verkündigung der Geburt Jesu an Maria. Der Engel Gabriel kündigte vor 1858 Jahren der Gottesmutter an, sie solle die Mutter des Messias werden. Es ist genau 9 Monate vor Weihnachten. Am 25. März also, morgens um vier Uhr, weiß Bernadette sich gedrängt, zum Erscheinungs-Ort zu eilen. Dreimal bittet sie dort die Dame: „Wollen Sie die Güte haben und mir sagen, wer Sie sind?" Jetzt endlich antwortet diese: „Ich bin die Unbefleckte Empfängnis." Bernadette weiß mit diesem Namen nichts anzufangen und läuft, ihn ständig wiederholend, zu Pfarrer Peyramale. Erst später erfährt sie: Unbefleckte Empfängnis heißt, ohne Sünde zu sein, ohne Schwäche, ohne Erbschuld, voll der Gnade (Lukas 1,28).

Der Pfarrer ist wie vom Blitz getroffen. Diesen theologischen Begriff kann sich ein Mädchen, das nicht lesen und schreiben kann, nicht ausgedacht haben. Die Erscheinung ist echt! Von jetzt an kämpft er vor den Stadtbehörden für Bernadette. Der zuständige Bischof Laurence von Tarbes stellt sich hinter ihn. Bald ereignen sich erste Wunder, Naturgesetze werden durchbrochen, vor allem bei Betern, die sich mit dem Quellwasser von Massabielle waschen. Die plötzlichen Heilungen von schweren körperlichen Gebrechen lassen sich nicht auf die Ebene von psycho-somatischen Selbst-Heilungen herabstufen. Tausende aus aller Welt kommen. Einige Kinder versuchen, Bernadette fälschlich nachzuahmen und stiften Verwirrung. Mit Plakaten verbietet der Präfekt nun den Besuch der Grotte und läßt sie absperren. Aber die Bernadette-Anhänger wehren sich: Zweimal rücken Steinbruch-Arbeiter an und zerschlagen die Bretter-Verschalung rings um die Grotte.

Eine Abordnung der Bürger von Lourdes beschwert sich bei Kaiser Napoleon. Gerade ist dessen Sohn schwerkrank. Eine Hofdame hilft ihm mit Kräutern aus der Grotte, und er wird geheilt. Dankbar ordnet der Kaiser an, die Absperrung zu entfernen.

Vier Jahre lang erträgt Bernadette neugierige Fragen der bischöflichen Untersuchungs-Kommission. Aufdringliche Fragen anderer wehrt sie ab. Geschenke nimmt sie nicht an. Bald beginnt der von der schönen Dame gewünschte Kapellen-Bau. Inzwischen leidet Bernadette immer stärker an Asthma. Doch an der Weihe der Kirchen-Krypta (1866) nimmt sie teil.

Mit 23 Jahren wird sie Ordensfrau im 800km entlegenen Nevers und hilft bei der Krankenpflege und in der Sakristei. Sie gilt als „kleines, dummes Ding, das zu nichts taugt". Bernadette aber leidet vor allem seelisch, weil ihr die Dame nicht mehr erscheint: „Die Jungfrau hat sich meiner wie eines Besens bedient und mich dann in die Ecke gestellt." Sterbenskrank darf sie endlich die Kloster-Gelübde im Bett ablegen. Der Orden will sich diesen Triumph nun doch nicht entgehen lassen. Bischof Vocade spricht die Gelöbnis-Formel vor, und Bernadette braucht nur noch „Amen" zu sagen.

Doch überraschend lebt sie weitere 13 Jahre als Schwester Marie-Bernard, inmitten aller Leiden fröhlich und schlagfertig. 1879 stirbt sie, 36 Jahre alt, an Lungentuberkulose. 1909 und 1925 stellt man fest: Ihr Leib ist unverwest. So kann sie jedermann im Glas-Sarg in Nevers sehen. Selbst die Leber, das verweslichste Organ, ist intakt. Nur ihr Rosenkranz ist von Rost zerfressen. Ähnlich unverweslich ist das Wasser aus der Quelle, die Bernadette ausgraben durfte. Pilger nehmen es mit in alle Welt. Verborgene Heilungen ereignen sich.

Während 160 Jahren haben Millionen Pilger in Lourdes seelischen Trost oder körperliche Heilung gefunden. Bis heute sind 30.000 Geheilte im medizinischen Büro von Lourdes registriert. Beichtväter berichten erfreut, wie stark sie gefragt sind. Denn hier berühren sich Himmel und Erde. *SR.A.*

Ausblick: Dem Jüngsten Gericht entgegen

Die Kirche ist immer umkämpft, genau wie ihr Gründer. JESUS sagt es seinen Jüngern voraus: „Haben sie Mich verfolgt, werden sie auch euch verfolgen. Der Knecht steht nicht über seinem Meister" (Joh 15, 20). Aber: CHRISTUS hat auch versichert: „Die Pforten der Unterwelt werden die Kirche nicht überwältigen" (Mt 16, 18-19).

Zum Beispiel heute: Verwirrungen innerhalb der Kirche wegen verschiedener Lehrmeinungen über die Zulassung von Wiederverheirateten zur Kommunion, wegen des „Segens" für homosexuelle Paare, wegen „Genderismus" in Schulen oder „Früh-Sexualisierung" in Kindergärten - um nur einige umstrittene Themen anzureißen. Doch bleibt festzuhalten: Das christliche Lehrgebäude ist bereits errichtet und muß nicht neu erdacht werden. JESUS lehrte ewige Wahrheiten - sie gelten damals wie heute. Die Kirchenväter der Antike und die Scholastischen Theologen des Mittelalters schufen ein wissenschaftliches Lehrgebäude, das in seiner Komplexität und Vielschichtigkeit bis heute nicht übertroffen werden kann.

Es gilt, die Botschaft der Bibel zu leben. Der Auftrag für die Christen im 21. Jahrhundert ist nicht, die Tradition der Kirche zu negieren und zu überfremden durch Themen des Zeitgeistes, sondern die ewigen Wahrheiten in das alltägliche Leben umzusetzen – jeder in seinem Stand und entsprechend seiner Berufung. Als Gläubige in der Familie, im Beruf, in der Politik; als Geistlicher oder Ordensschwester. CHRISTUS steht im Mittelpunkt: die Liebe zu IHM, das Leben aus dem HEILIGEN GEIST. Verzeihen, statt zu hassen; teilen, statt seinen Vorteil zu suchen; Leiden für GOTT ertragen, statt sich selbst umzubringen. Dann verändern Christen mit der Gnade GOTTES die Welt und können sich auf die Vollendung des GOTTES-Reiches bei der Wiederkunft CHRISTI freuen. Wer sich redlichen Herzens bemüht, wird Barmherzigkeit bei JESUS im Gericht finden. Denn: „ICH bin nicht gekommen, um zu richten, sondern um zu retten!" (Joh 12, 47).

Vor allem die Apokalypse, das letzte Buch des Neuen Testaments, thematisiert den bevorstehenden Triumph der Herrschaft GOTTES. Diese Offenbarung spricht in Bildern der Mystik, da „keiner die Zeit und die Stunde kennt, wann der HERR kommt" (Lk 12, 40). GOTT ist Geheimnis, so auch Seine Endzeit-Pläne. Grundsätzliches aber wird vorausgesagt, damit die Christen – wenn es geschieht – in Glaube und Liebe standhalten. GOTT will uns trösten und mahnen, wenn Er Johannes auf Patmos diese Bilder schauen läßt. Wenn es GOTTES Wille ist, soll jeder Christ zum Martyrium bereitsein.

Was wird apokalyptisch über die „Endzeit" gesagt? Falsche Propheten, ja sogar falsche „Christusse" werden auftreten und eigene Lehren verkünden unter dem Deckmantel des Christentums (Mt 24). Wunder werden sie wirken, doch diese kommen nicht von GOTT. Diese Welt wird vergehen (Off 1-22): Die Sterne werden vom Himmel fallen, die Sonne erlöschen. Dann aber wird ein Neues Jerusalem, eine verklärte Welt, durch GOTTES Allmacht entstehen. Hier wird jede Träne getrocknet sein, es wird kein Leid mehr geben und kein Sterben. Die Schnittstelle: Das Jüngste Gericht. CHRISTUS wird auf einer Wolke wiederkommen, um zu richten die „Lebenden und die Toten" (Mk 13, 26). Die Christen beten dies seit 2000 Jahren jeden Sonntag im Credo, dem Apostolischen Glaubensbekenntnis. ER wird die Menschen scheiden in Gerechtigkeit: die Guten werden mit IHM in Sein Reich der Liebe eingehen, die Hartherzigen in die ewige Verdammnis gestoßen, „wo Heulen und Zähneknirschen sein wird" (Mt 5, 22 oder Mk 9, 43-48). Dieses Gericht folgt entsprechend der GOTTES- und Nächstenliebe, die wir im Leben gezeigt haben: „Was ihr einem Meiner geringsten Brüder getan habt, habt ihr MIR getan" (Mt 25, 40). Dazu gehört auch die Treue zu der vom HEILIGEN GEIST gewirkten Liturgie der Kirche, zur öffentlichen Verkündigung der Heilstaten GOTTES, zum einigenden Band der Kirche, zur Meßfeier. Aber immer ist noch Zeit zu Reue und Umkehr, solange wir auf Erden sind. Das gilt für jeden Einzelnen. Nur wer völlig rein ist, wird GOTT schauen – notfalls geläutert wie durch Feuer (1 Kor 3,14). Daher die Lehre vom Fegfeuer.

Was bedeutet dies alles für den Christen in der Kirche von heute? Weglaufen ist sicherlich nicht die richtige Lösung. JESUS hat Schwierigkeiten vorausgesagt. Das Gebot für traditionell orientierte Christen ist daher das mutige Festhalten an den 2000jährigen Wahrheiten und an der klassischen Liturgie. Überall in Deutschland und Europa gibt es – in Absprache mit den Bischöfen und Rom seit dem Motu Proprio von 2007 – Meßorte, wo Liturgie im alten Ritus gefeiert wird, wozu die verpflichtende Mundkommunion gehört.

Diese Meßorte sind im Internet öffentlich einsehbar. Der Rest ist gelebtes Christentum im Alltag – wie sich die Menschen seit 2000 Jahren bemühen. Statt zu klagen, ist es die aktuelle Aufgabe, die Welt vor Ort durch die christliche Güte und Liebe ein Stück heller zu machen. Geduld, Demut, Bescheidenheit, Liebe im Kleinen. Immer in dem sicheren Wissen, daß CHRISTUS wiederkommen wird und den Sieg der Kirche – Seiner Kirche – herbeiführen wird. „Ja, ICH komme bald!" (Off 22, 20). *PWP*

Literatur

Administration Pontificale de la Basilique Patriarcale Saint-Paul
Les Papes. Vingt Siècles d'histoire. Libraire Editrice Vaticane 2002.

Algermissen, K.
Kirchengeschichte. Von den Anfängen bis zur Gegenwart. Celle 1955.

Hamp, V; Stenzel, M.; Kürzinger, J. (Hg.)
Die Heilige Schrift des Alten Testaments und Neuen Testaments. Aschaffenburg 1969.

Hümmler, H.
Helden und Heilige. Siegburg 1954.

Kasper, W. (Hg.)
Lexikon für Theologie und Kirche. Bd. 1-11. Freiburg 2006.

Kleine-Natrop, J.
Kirchengeschichte. Bd. 1-3. Düsseldorf 1952.

Kranz, G.
Sie lebten das Christentum. Achtundzwanzig Biographien. Augsburg 1973.

Melchers, H.
Das große Buch der Heiligen. München 1978.

Mertensacker, A.
Moscheen in Deutschland. Stützpunkte islamischer Eroberung. Lippstadt 2001.

Mertensacker, A.
Muslime erobern Deutschland. Eine Dokumentation. Lippstadt 2016.

Mertensacker, A.
Der Islam im Zeugnis von Heiligen und Bekennern. Lippstadt 2000.

Pius X.
Kompendium der christlichen Lehre. Neuauflage. Bobingen 2014.

Tenbrock, R.-H.; Kluxen, K.; Grütter, W.; Lottes, G. (Hg)
Zeiten und Menschen. Politik, Gesellschaft, Wirtschaft. Bd. 1-4. Paderborn 1987.